Ausführliches Verzeichnis der

Guttentagschen Sammlung

Deutscher Reichs- und Preußischer Gesetze

Text-Ausgaben mit Anmerkungen — Taschenformat

welche alle wichtigen Gesetze in unbedingt zuverlässigen Gesetzestexten und in mustergültiger Weise erläutert enthält, befindet sich hinter dem Sachregister.

Guttentagsche Sammlung
Nr. 55. Deutscher Reichsgesetze. Nr. 55.
Text-Ausgaben mit Anmerkungen.

Das Recht der Beschlagnahme von Lohn- und Gehaltsforderungen.

Auf Grundlage der Reichsgesetze vom 21. Juni 1869 und 29. März 1897 und der Zivilprozeßordnung mit Einleitung, Anmerkungen und Sachregister

dargestellt von

Justizrat Georg Meyer,
Rechtsanwalt bei den Kgl. Landgerichten I, II, III Berlin.

Dritte vermehrte Auflage.

Berlin 1908.
J. Guttentag, Verlagsbuchhandlung,
G. m. b. H.

Vorwort.

Das Recht der Beschlagnahme von Lohn- und Gehaltsforderungen ist bisher, soweit bekannt, im Zusammenhange noch nicht ausführlich behandelt worden; selbst Schriften über die Zwangsvollstreckung — von den Kommentaren zur Zivilprozeßordnung ganz zu schweigen — lassen viele Einzelfragen der Materie unerörtert, manche Zweifel bestehen. — Die für das Verständnis schwierigen Bestimmungen der Novelle zum Lohnbeschlagnahmegesetze (LBG.) sind bisher überhaupt nicht erschöpfend erläutert worden.

Und doch ist es für den Praktiker von großer Wichtigkeit, bis in das Einzelne hinein über die Schwierigkeiten Aufschluß zu erlangen, welche die den Gegenstand betreffenden Gesetzesvorschriften in der Anwendung bieten.

Dazu kommt noch, daß das Lohnbeschlagnahmegesetz im Laufe der Zeit mancherlei Abänderungen erfahren hat, welche aus verschiedenen Gesetzen zusammengetragen werden müssen, und daß dadurch der klare Überblick über seine jetzt geltenden Normen recht erschwert ist.

Grund genug für den Versuch einer ausführlichen Darstellung des gesamten Rechts in der Frage der Lohn- und Gehaltsbeschlagnahme! — Dieser Versuch hat sich nicht, wie der nur der Kürze halber gewählte Titel der Schrift vermuten läßt, darauf beschränkt, das Beschlagnahmerecht lediglich, soweit „Lohn" oder „Gehalt" in Betracht kommen, zu erörtern, sondern auch dahin geführt, jedwede Arbeitsvergütung, gleichviel wem sie zukommt und in welcher Art sie geleistet wird, auf ihre Beschlagnahmefähigkeit eingehend zu prüfen. Es sind daher, wenn auch für die äußere Form der Arbeit der Kommentar zum Lohnbeschlagnahmegesetze gewählt wurde, die Fälle nicht unberücksichtigt geblieben, in denen nach anderen, als nach den Bestimmungen dieses Gesetzes das Recht gegeben ist, die gedachten Forderungen zu pfänden.

Die Form des Kommentars zum Reichsgesetze vom 21. Juni 1869 ermöglichte auch eine Besprechung der wichtigen Frage, inwieweit Angestellte aller Art mit Rücksicht auf die Vorschriften des BGB. über ihre Vergütungen rechtswirksam verfügen können.

Ein ausführliches Sachregister und eine schematische Übersicht über Zulässigkeit und Umfang der Beschlagnahme sollen den Gebrauch des Buches erleichtern. Eine Zusammenstellung von Behörden, welchen als Drittschuldnern bei Pfändung von Dienstbezügen eines Beamten in Vertretung des Reichs- bezw. Landesfiskus der Pfändungsbeschluß zuzustellen ist, dürfte vielen erwünscht sein.

Möge das Buch der Praxis, für welche es geschrieben ist, brauchbar erscheinen!

Berlin, im Mai 1900.

Der Verfasser.

Vorwort zur dritten Auflage.

Die dritte Auflage meines Buches hat an Umfang, hoffentlich auch an innerem Werte gewonnen. Ich habe das Werkchen nicht nur unter möglichst vollständiger Verwertung der zwischenzeitlichen Rechtsprechung und Literatur, Gesetzes- und Verordnungsvorschriften in seiner Eigenart fortgeführt, sondern war auch bestrebt, es nach verschiedenen Richtungen hin auszubauen.

Viele wichtige Teile, insbesondere die Erläuterungen zu §§ 1 und 4 Nr. 4 des Ges. und Anhang I sind umgearbeitet und dabei eingehender als früher behandelt, es sind hervorgetretene, bisher nicht berührte, auch neue Fragen in größerer Zahl besprochen, und zu Streitfragen ist, wenn auch nur unter kurzer Begründung, Stellung genommen.

Neu aufgenommen sind in besonderen Abschnitten die Erörterungen über: „Die Regelung der Lohn- und Gehaltsbeschlagnahme in diesem Gesetze" (S. 23), „Die Vereinbarungen zwischen Arbeitgeber- und -nehmer behufs Vereitelung der Pfändung" (S. 98), „Die Klage des Pfandgläubigers gegen den Drittschuldner" (S. 123).

Das Sachregister ist zu noch bequemerer Orientierung wiederum wesentlich ergänzt, so daß es sich — auch im Hinblick auf die Inhaltsübersicht (S. 9) — erübrigt, den Erläuterungen der einzelnen Paragraphen Dispositionen oder besondere Register vorauszuschicken.

Möge auch dieses Mal meine Arbeit eine freundliche Aufnahme finden!

Berlin, im März 1908.

Der Verfasser.

Inhaltsübersicht.

Literaturverzeichnis und Abkürzungen.

Bezold: Das Reichsgesetz betreffend die Beschlagnahme des Arbeits- oder Dienstlohnes. Vom 21. Juni 1869.

R. Koch: Über die Zulässigkeit der Beschlagnahme von Arbeits- und Dienstlöhnen. 1869.

Keidel: Die Novelle zum Lohnbeschlagnahmegesetz und zur Reichszivilprozeßordnung vom 27. März 1897 in Seufferts Blättern für Rechtsanwendung zunächst in Bayern. (15. Ergänzungsband S. 225 fg.)

Dr. Pick: Die Lohnbeschlagnahme nach österreichischem und deutschem Rechte.

Dr. Sinzheimer: Lohn und Aufrechnung.

Staudinger: Die Einführung Norddeutscher Justizgesetze als Reichsgesetze in Bayern. Abteilung II. S. 134 fg.

Struckmann u. Koch: Zivilprozeßordnung, 7. Auflage (1900) = Struckm.

Gaupp u. Stein: Zivilprozeßordnung, 6/7. Auflage = Gaupp.

Lisiecki u. Drewes: Die Zwangsvollstreckung in das bewegliche Vermögen = Lis. u. Drew.

Conrad: Die Pfändungsbeschränkungen zum Schutze des schwachen Schuldners. 1906.

Dr. W. Müller. Die Wirksamkeit des Pfändungspfandrechts. 1907.

Lotmar: Der Arbeitsvertrag. 1902.

Müller: Die preußische Justizverwaltung.
Busch: Zeitschrift für deutschen Zivilprozeß.
Seuffert: Archiv für Entscheidungen der obersten Gerichte.
Gruchot: Beiträge zur Erläuterung des deutschen Rechts.
Planck: Bürgerliches Gesetzbuch nebst Einführungsgesetz.
Dernburg: Das bürgerliche Recht.
Habicht: Die Einwirkung des BGB. auf zuvor entstandene Rechtsverhältnisse.
Laband: Staatsrecht des Deutschen Reichs.
v. Schicker: Gewerbeordnung für das Deutsche Reich.
Staub: Kommentar zum Handelsgesetzbuch.
Entscheidungen des Reichsgerichts in Zivilsachen = RG.
Entscheidungen des Reichsoberhandelsgerichts = ROHG.
Die Rechtsprechung der Oberlandesgerichte v. Mugdan u. Falkmann = OLG.
Blätter für Rechtspflege im Bezirk des Kammergerichts = Bl. f. Rpfl.
Deutsche Juristen-Zeitung = D. J.-Ztg.
Juristische Wochenschrift = J.W.
Stenographische Berichte über die Verhandlungen des Reichstags des Norddeutschen Bundes 1869 = Sten.Ber.

I.

Einleitung.

Zur Geschichte des Reichsgesetzes vom 21. Juni 1869.

1.

Die Frage, ob und inwieweit die Beschlagnahme des noch nicht verdienten, zukünftig geschuldeten Lohnes unzulässig, beziehungsweise zu beschränken ist, betrifft einen Gegenstand, welcher an sich in die Zivilprozeßordnung unter das Kapitel „Zwangsvollstreckung" gehört; ihn durch besonderes Gesetz vorweg zu regeln, erschien auch den gesetzgebenden Faktoren im Jahre 1869 nicht unbedenklich. Wenn trotzdem schließlich die Bedenken hiergegen schwiegen, so waren es lediglich dringende praktische Gründe, welche ein sofortiges Einschreiten der Gesetzgebung erheischten. Die Verschiedenheit der Meinungen und Rechtsprechungen in diesem Zweige der staatlichen Tätigkeit und die hierdurch herbeigeführte Unsicherheit in einer Frage, welche das Wohl und Wehe zahlreicher Arbeiterklassen täglich und stündlich unmittelbar berührte, wurden als ein sehr ernstes Übel anerkannt, welches schleunige Abhilfe erforderte. Das schnelle Eingreifen der Gesetzgebung erschien um so gebotener, je mehr sich die öffentliche Aufmerksamkeit auf die Lage der Arbeiter richtete und je mehr sich die Anschauung Bahn gebrochen hatte, daß die persönliche Leistungsfähigkeit des Menschen, der Hauptfaktor aller Vermögenswerte, in keiner Weise, sei es durch Aufhebung seiner persönlichen Freiheit, wie bei der Schuldhaft, sei es durch Schwächung seiner Schaffensfreudigkeit, wie bei der Lohnbeschlagnahme, eingeengt oder nur angetastet werden dürfte.

Daher legte die Regierung auf eine Resolution des Reichstages vom 18. Mai 1868 diesem in der Session von 1869 einen Gesetzentwurf vor, auf Grund dessen „der Arbeits- oder Dienstlohn, ohne Unterschied, ob derselbe bereits verdient war oder nicht, nur insoweit der Beschlagnahme unterliegen sollte, als er nicht zum notdürftigen Unterhalte des Schuldners und seiner Familie erforderlich war". Die zur Beratung des Entwurfs eingesetzte Kommission des Reichstages gelangte jedoch zur Überzeugung der Unannehmbarkeit der Vorlage, weil sie ein Ausnahmerecht für einzelne Berufskreise in ihm erblickte, einigte sich aber über zwei große Gesichtspunkte, welche der Ausgangspunkt für die endgültige Gestaltung des Gesetzes wurden. Erstens wurde die natürliche Grenze festgestellt, bis zu welcher allgemein — ohne Beschränkung auf bestimmte Klassen von Personen — und ohne Verletzung sittlicher und rechtlicher Fundamentalsätze der richterliche Zwang zum Zwecke der Lohnbeschlagnahme angerufen werden könne; sodann wurde die gesetzliche

Regelung auf solche Verhältnisse beschränkt, welche eine gewisse Stetigkeit aufweisen und welchen der Arbeitende, wenn nicht seine ganze, so doch seine hauptsächliche Erwerbstätigkeit widmet.

Damit war die Grundlage für die Abänderungsanträge gewonnen, welche von der Mehrheit der Kommission zum Beschlusse erhoben, später Gesetz wurden. Einige weitere Änderungen erfuhr der Entwurf noch in den Plenardebatten des Reichstages, welche hier füglich übergangen werden können, weil sie, soweit sie interessieren, bei der Erläuterung der einzelnen Paragraphen Platz finden werden.

Das vom Reichstage am 23. Mai 1869 in dritter Lesung angenommene Gesetz wurde nach Zustimmung des Bundesrats am 21. Juni 1869 verkündet, trat für das Gebiet des Norddeutschen Bundes am 1. August 1869 in Kraft, wurde durch Gesetz vom 16. April 1871 Reichsgesetz und ist als solches auch in Elsaß-Lothringen, Helgoland, den Schutzgebieten und den Konsularbezirken in Geltung.

2.

Die ursprüngliche Fassung des Gesetzes hat im Laufe der Jahre weitgehende Umgestaltungen erfahren.

a) Die Zivilprozeßordnung vom 30. Januar 1877 nahm in § 749 allerdings unter den der Pfändung nicht unterliegenden Forderungen unter Nr. 1 „den Arbeitslohn oder Dienstlohn nach den Bestimmungen des Reichsgesetzes vom 21. Juni 1869" auf, änderte aber auf der andern Seite die Bestimmungen des § 4 Ziffer 3 und 4 des Gesetzes durch Absatz 3 und 4 seines § 749 dahin ab, daß

1. der Gehalt und die Dienstbezüge der im Privatdienst dauernd angestellten Personen nur soweit der Pfändung unterworfen wurden, als der Gesamtbetrag die Summe von 1500 M. für das Jahr überstieg,
2. die Pfändung ohne Rücksicht auf den Betrag zulässig erklärt wurde, wenn sie zur Befriedigung der Ehefrau und der ehelichen Kinder des Schuldners wegen solcher Alimente beantragt war, welche für die Zeit nach Erhebung der Klage und für das diesem Zeitpunkt vorausgehende letzte Vierteljahr zu entrichten waren.

b) Von viel größerer Tragweite, als die eben angeführten Änderungen waren die Bestimmungen, welche das Reichsgesetz vom 29. März 1897 wegen Abänderung des Gesetzes betreffend die Beschlagnahme des Arbeits- oder Dienstlohnes und der Zivilprozeßordnung infolge des Umschwunges in den sozialpolitischen Anschauungen traf. Es dehnte die Vergünstigung der Familienglieder, d. h. der Ehefrau und ehelichen Kinder, bei Pfändung des Lohnes des Verpflichteten wegen ihrer Ansprüche an Alimenten (§ 4 Nr. 3 d. Ges.) auf die Unterhaltsansprüche der geschiedenen Ehefrau und des unehelichen Kindes —

letzteres allerdings in einem beschränkten Umfange — aus (§ 4a d. Ges.) und brachte die Zivilprozeßordnung und das Lohnbeschlagnahmegesetz in Einklang.

c) Endlich hat das Einführungsgesetz zu dem Gesetze betreffend Änderungen der Zivilprozeßordnung vom 17. Mai 1898 in Artikel III den § 4 Nr. 4 unseres Gesetzes dahin abgeändert, daß letzteres bei allen, nicht nur den dauernd Angestellten, d. h. denjenigen, deren Dienstverhältnis auf mindestens ein Jahr bestimmt oder mit einer Frist von mindestens drei Monaten aufzukündigen ist, die Lohnpfändung über den Jahresbetrag von 1500 M. hinaus gestattet.

Auf diese Weise hat

das Gesetz, betreffend die Beschlagnahme des Arbeits- oder Dienstlohnes, vom 21. Juni 1869 (BGBl. S. 242) [LBG.]

jetzt folgenden Wortlaut erhalten:

§ 1.

Die Vergütung (Lohn, Gehalt, Honorar u. s. w.) für Arbeiten oder Dienste, welche auf Grund eines Arbeits- oder Dienstverhältnisses geleistet werden, darf, sofern dieses Verhältniß die Erwerbsthätigkeit des Vergütungsberechtigten vollständig oder hauptsächlich in Ansprnch nimmt, zum Zwecke der Sicherstellung oder Befriedigung eines Gläubigers erst dann mit Beschlag belegt werden, nachdem die Leistung der Arbeiten oder Dienste erfolgt und nachdem der Tag, an welchem die Vergütung gesetzlich, vertrags- oder gewohnheitsmäßig zu entrichten war, abgelaufen ist, ohne daß der Vergütungsberechtigte dieselbe eingefordert hat.

§ 2.

Die Bestimmungen des § 1 können nicht mit rechtlicher Wirkung durch Vertrag ausgeschlossen oder beschränkt werden.

Soweit nach diesen Bestimmungen die Beschlagnahme unzulässig ist, ist auch jede Verfügung durch Cession, Anweisung, Verpfändung oder durch ein anderes Rechtsgeschäft ohne rechtliche Wirkung.

§ 3.

Als Vergütung ist jeder dem Berechtigten gebührende Vermögensvortheil anzusehen. Auch macht es keinen Unterschied, ob dieselbe nach Zeit oder Stück berechnet wird.

Ist die Vergütung mit dem Preise oder Werth für Material oder mit dem Ersatz anderer Auslagen in ungetrennter Summe bedungen, so gilt als Vergütung im Sinne dieses Gesetzes der Betrag, welcher nach Abzug des Preises oder des Werthes der Materialien und nach Abzug der Auslagen übrig bleibt.

§ 4.

Das gegenwärtige Gesetz findet keine Anwendung:

1. auf den Gehalt und die Dienstbezüge der öffentlichen Beamten;
2. auf die Beitreibung der direkten persönlichen Staatssteuern und Kommunalabgaben (die derartigen Abgaben an Kreis-, Kirchen-, Schul- und sonstige Kommunalverbände mit eingeschlossen), sofern diese Steuern und Abgaben nicht seit länger als drei Monaten fällig geworden sind;
3. auf die Beitreibung der den Verwandten, dem Ehegatten und dem früheren Ehegatten für die Zeit nach Erhebung der Klage und für das diesem Zeitpunkte vorausgehende letzte Vierteljahr kraft Gesetzes zu entrichtenden Unterhaltsbeiträge;
4. insoweit der Gesammtbetrag der Vergütung (§§ 1, 3) die Summe von fünfzehnhundert Mark für das Jahr übersteigt.

§ 4a.

Auf die Beitreibung der zugunsten eines unehelichen Kindes von dem Vater für den im § 4 Nr. 3 bezeichneten Zeitraum kraft Gesetzes zu entrichtenden Unterhaltsbeiträge findet dieses Gesetz nur insoweit Anwendung, als der Schuldner zur Bestreitung seines nothdürftigen Unterhalts und zur Erfüllung der ihm seinen Verwandten, seiner Ehefrau oder seiner früheren Ehefrau gegenüber gesetzlich obliegenden Unterhaltspflicht der Vergütung

(§§ 1, 3) bedarf. Hierbei werden ausschließlich die Leistungen berücksichtigt, welche vermöge einer solchen Unterhaltspflicht für den nämlichen Zeitraum oder, falls die Klage zugunsten des unehelichen Kindes nach der Klage eines Unterhaltsberechtigten erhoben ist, für die Zeit von dem Beginne des der Klage dieses Berechtigten vorausgehenden letzten Vierteljahrs ab zu entrichten sind.

§ 5.

Dieses Gesetz tritt am 1. August 1869 in Kraft.

Die bis dahin verfügten, mit den Vorschriften dieses Gesetzes nicht vereinbaren Beschlagnahmen sind auf Antrag des Schuldners aufzuheben oder einzuschränken.

Dagegen finden die Bestimmungen des zweiten Absatzes des § 2 auf frühere Fälle keine Anwendung.

Urkundlich ...

Gegeben Berlin, den 21. Juni 1869.

(L. S.) Wilhelm.

Gr. v. Bismarck-Schönhausen.

In dieser Fassung ist das Gesetz jetzt auf Grund des § 850 Nr. 1 ZPO. geltendes Recht.

3.

Die Regelung der Lohn- und Gehaltsbeschlagnahme in diesem Gesetze ist keine allgemeine und grundsätzliche, sondern erstreckt sich nur auf „Arbeits- und Dienstverhältnisse" und auch auf diese wieder nur innerhalb bestimmter Grenzen. Wie sich außerhalb dieses Bereiches die Lohn- und Gehaltspfändung zu gestalten habe, ob sie erlaubt oder verboten, läßt das Gesetz vollkommen dahingestellt sein.

Da nun der § 850 ZPO. Abs. 1 unter Nr. 1 den Arbeits- oder Dienstlohn nach den Bestimmungen unseres Gesetzes als einen der Pfändung nicht unterworfenen Anspruch bezeichnet, so folgt daraus, daß derselbe außerhalb dieses Rahmens grundsätzlich wie jede andere Forderung der Beschlagnahme unterliegt. Wo also ein Arbeits- oder Dienstverhältnis im Sinne des Gesetzes überhaupt nicht vorliegt oder kein solches, wie es § 1 voraussetzt, oder die Vergütung für Arbeiten und Dienste im voraus erfolgt (s. S. 37), ist die Pfändung des Lohnes oder Gehalts grundsätzlich schlechthin gestattet (vgl. S. 44 fg.).

II.

Erläuterungen des Gesetzes.

§ 1.

Die Vergütung (Lohn, Gehalt), Honorar usw. für Arbeiten oder Dienste, welche auf Grund eines Arbeits- oder Dienstverhältnisses geleistet werden, darf, sofern dieses Verhältniß die Erwerbsthätigkeit des Vergütungsberechtigten vollständig oder hauptsächlich in Anspruch nimmt, zum Zwecke der Sicherstellung oder Befriedigung eines Gläubigers erst dann mit Beschlag belegt werden, nachdem die Leistung der Arbeiten oder Dienste erfolgt und nachdem der Tag, an welchem die Vergütung gesetzlich, vertrags- oder gewohnheitsmäßig zu entrichten war, abgelaufen ist, ohne daß der Vergütungsberechtigte dieselbe eingefordert hat.

A.

Dieser Paragraph enthält die **Hauptbestimmung** des Gesetzes; er regelt die Voraussetzungen, unter denen eine Beschlagnahme, das heißt eine Pfändung des Arbeits- oder Dienstlohnes zur Sicherung oder Befriedigung des Gläubigers zulässig sein soll, spricht diese aber nur negativ aus.

In positiver Form ist die **Pfändung des Arbeits- oder Dienstlohnes als Forderungspfändung an folgende Voraussetzungen, welche insgesamt zutreffen müssen, geknüpft:** Es muß ein Dienstverhältnis vorliegen (S. 25), welches die Erwerbstätigkeit des Vergütungsberechtigten vollständig oder hauptsächlich in Anspruch nimmt (S. 31); in diesem müssen Dienste oder Arbeiten geleistet sein (S. 33), für welche Vergütung zu entrichten ist (S. 36); der Tag ihrer Zahlung muß abgelaufen (S. 38), die Vergütung aber darf nicht eingefordert sein (S. 40).

1. Vor allem muß ein **Arbeits- oder Dienstverhältnis** vorliegen. Dieser in die Rechtswissenschaft neu eingeführte Begriff wird weder im Gesetze selbst, noch in seinen Materialien bestimmt (ebensowenig im BGB. und in der KO., welche ihn in den §§ 113, 617 fg. bzw. § 22 aufgenommen haben). Vom Berichterstatter der Reichstagskommission wurde es als „bestimmtes, stetiges Verhältnis" erklärt, „welches nicht identisch ist mit einem förmlichen Vertragsabschluß, sondern welches ein tatsächlicher Zustand sei" (Sten.Ber. Bd. II, S. 910). Man wird darunter ein stetiges, auf Leistung von Diensten oder Arbeiten gerichtetes Verhältnis persönlicher Abhängigkeit zu verstehen haben, welches auf Vertrag oder rein tatsächlicher Beziehung beruht (ähnlich Gaupp § 850 II b). Andere m. E. nicht zutreffende Definitionen s. Conrad S. 372 fg.

Die Entstehungsart der Beziehungen zwischen Arbeiter und Arbeitgeber ist danach nicht bestimmend für die rechtliche Beurteilung des Verhältnisses: Ob von vornherein ein förmlicher Vertrag besteht oder ob zunächst ein rein tatsächlicher Zustand vorhanden war (auch infolge einer Geschäftsführung ohne Auftrag), der dann in einen dauernden überging, ist gleichgültig; ein Arbeits- und Dienstverhältnis kann hier wie dort vorliegen. Ebensowenig aber, wie mit Sicherheit aus dem Vorliegen eines Vertrages auf dasselbe zu schließen ist, ebensowenig ist aus einem rein tatsächlichen Zustande gegen ein solches zu entnehmen. Es kann der Eintritt eines Arbeiters in eine Fabrik oder eines Gesindes in einen Haushalt zur augenblicklichen Aushülfe leicht ohne Vertrag in einen dauernden Zustand, ein Arbeitsverhältnis, übergehen.

Die Ausdrücke Arbeits- und Dienstverhältnis weisen nicht auf den Gegensatz von Dienst- und Werkverträgen (aM. Staudinger S. 159), sondern lediglich auf die vielseitige, alle Arten von Leistungen umfassende Tätigkeit hin, welche in das Gesetz einbezogen werden soll (s. S. 34 fg.).

Begrifflich erforderliche Merkmale des Verhältnisses sind folgende:

a) Stetigkeit in den Beziehungen zwischen Arbeitgeber und Arbeiter, also fortlaufende und zwar nicht nur zufällig sich ergebende Tätigkeit des letzteren bei ersterem wird verlangt. Einzelne oder mehrere, in keinem gewollten Zusammenhange stehende, wenn auch gleichartige Leistungen führen nicht zu einem Arbeitsverhältnisse. Von einem solchen kann daher füglich keine Rede sein, wenn jemand nur vorübergehend zu Dienstleistungen gedungen wird, sei es nun, daß er einmal diese, einmal jene Art von Diensten verrichtet, wie ein Tagelöhner, sei es, daß seine Dienstleistungen zwar immer in demselben berufsmäßigen Erwerbszweige sich bewegen, aber heute hier, morgen dort oder jetzt diesem und etwas später jenem Dienstherrn geleistet werden, wie dies z. B. beim Holzhacker, Lohnkutscher, Lohndiener, Packer, Markthelfer, Musiklehrer, Krankenpfleger, Arzt, Heilgehülfen, der Hebamme, Näherin usw. gewöhnlich der Fall ist. — Dagegen steht der in einer Holzhandlung oder von einem Forsteigentümer fortlaufend beschäftigte Holzhacker, der von jemandem für seinen Sohn fest engagierte Hauslehrer, der in einem Krankenhaus fest angestellte Arzt und Heilgehülfe, die ebenso bedienstete Hebamme, der von einer bestimmten Person, z. B. einem Arzte, fest angenommene Lohnkutscher, der in einem Konservatorium angestellte Musiklehrer, die in einer Wäschefabrik angenommene Näherin in einem Dienstverhältnisse. Ein solches wird also nur dann vorliegen, wenn gleichartige, ihrem Wesen nach in sich zusammenhängende Dienste geleistet werden. Aber nicht nur in der rein objektiven Art und Weise der Erwerbstätigkeit, sondern auch subjektiv in den Beziehungen zu einem bestimmten Arbeitgeber muß die Stetigkeit hervortreten, mögen die Dienste ihm persönlich oder für seinen Haushalt, Wirtschaftsbetrieb oder sein Erwerbsgeschäft geleistet werden. Die Notwendigkeit der Einheit in der Person des Arbeitgebers bestreitet Bezold, S. 117, mit Rücksicht darauf, daß dies nicht als wesentliches Requisit im Gesetze aufgeführt ist. Jedoch ist dieses unbeachtlich, da das Arbeits- und Dienstverhältnis in den Materialien des Gesetzes als „bestimmtes, individuelles" bezeichnet wird, welches „Einheit und Identität des Rechtsverhältnisses" voraussetzt (Sten.Ber. III S. 76).

Kleineidam (D. J.-Ztg. 12. Jahrg. 700) erachtet m. E. zu Unrecht eine solche Einheit auch dann für vorliegend, wenn man, ausgehend von tatsächlichen Gesichtspunkten, die jeweilig Tage oder Wochen dauernde Tätigkeit bei einem von mehreren Dienstherrn für sich betrachtet. Solche Arbeiten gehören zu den einmaligen Verträgen und Handlungen, auf welche das Gesetz sich nicht beziehen soll (Sten.Ber. II S. 910; s. S. 28).

Die Stetigkeit in den Beziehungen von Arbeitgeber zum Arbeiter erheischt aber auch einen gewissen Zeitumfang; auf einen von vornherein bestimmten oder besonders großen kommt es dabei nicht an; § 4 Nr. 4 des Gesetzes stellt keinen solchen als Vorbedingung seiner

Anwendbarkeit mit dem Ausdruck „für das Jahr" auf (s. S. 91). Indessen muß das Verhältnis nach den sozialen Zuständen und Verkehrsgewohnheiten doch von einer gewissen Dauer oder wenigstens als dauerndes gewollt sein. Ebenso Dernburg II² S. 388, Staudinger S. 155. Deshalb liegt bei einer „versuchsweise" für keine näher bestimmte Zeit eingegangenen Anstellung eine dauernde Vertragsbeziehung vor (OLG. XII S. 423), keine solche wie gezeigt, aber bei einer „aushülfsweisen", von vornherein als vorübergehend gedachten. Die von Tag zu Tag gegebene Möglichkeit zur Lösung der Beziehungen nimmt denselben nicht die Stetigkeit, ebensowenig die tägliche Auszahlung der Vergütung (s. S. 92f. Nr. 4; Hessisch. Rsprech. 06 S. 931. Trotz größerem Zeitumfange fallen in das Gebiet der einmaligen Leistungen (Staudinger ebenda) einzelne aufgetragene Arbeiten, welche sich aus einer zufälligen Bestellung von seiten individuell unbestimmter oder bestimmter (aA. Staudinger S. 154) Personen ergeben und deren Vergütung der Erfüllung der Arbeitsleistung unmittelbar nachzufolgen hat. Allerdings bedingt die längere Zeitdauer solcher Leistungen oft eine Vorleistung auf der einen Seite und eine spätere Zahlung auf der anderen Seite, aber dies liegt im Wesen jedes Dienstvertrages (§ 614 BGB.) und folgt nicht aus der besonderen Eigenschaft, welche stetigen Arbeitsbeziehungen innewohnt. Bei diesen tritt entsprechend ihrer Eigenart eine Vertagung der Realisierung eines an sich bereits gegebenen Vergütungsanspruches auf einen späteren Zeitpunkt ein und vollzieht sich danach periodisch die Lohnzahlung (Staudinger a. a. O.).

b) Die Abhängigkeit des Arbeitenden vom Arbeitgeber, ebenfalls ein wesentliches Merkmal des Dienstverhältnisses, wird entsprechend der Stellung des ersteren verschieden geartet sein, keineswegs stets zu persönlicher Botmäßigkeit verpflichten, vielmehr in der Unterordnung unter den Willen des Arbeitgebers bezüglich der Tätigkeit im allgemeinen sowie in einem mehr oder weniger großen Verzichte auf die freie Verfügung über eigene Zeit und Arbeitskraft (JW. 06 S. 38; OLG. XV S. 38) bestehen und sich dementsprechend in dem Befolgen von Dienstordnungsvorschriften äußern, die sich auf Wohnsitz, äußeres Verhalten, oder auf Beginn, Zeitdauer, Reihenfolge, Ende oder Art der Arbeiten und Dienste beziehen können (daher findet das Gesetz auch auf fest engagierte oder Dauer(Saison)gastspiele absolvierende Schauspieler Anwendung, vgl. RG. 41 S. 53). Eine solche Unterordnung des Arbeitenden unter die Leitung des Arbeitgebers tritt nicht nur bei den verschiedenartigsten Dienstverträgen ein, sondern ist auch bei der Werkverdingung durchaus möglich (ausführlich hierüber s. S. 35 fg.). Mit der persönlichen wird meistens noch eine wirtschaftliche Abhängigkeit Hand in Hand gehen. (Zur Vorbedingung für die Anwendbarkeit des Gesetzes ist dieses Moment in § 1 durch den Zusatz „daß das Verhältnis vollständig oder hauptsächlich die Erwerbstätigkeit in Anspruch nehmen muß" gemacht worden. Hierüber s. S. 31). — Wo der Arbeitende nicht dem Bestimmungsrechte des Arbeitgebers unterworfen ist, liegt kein Verhältnis im Sinne des § 1 des Gesetzes vor.

In einem Abhängigkeitsverhältnisse steht daher nicht der Agent zum Kaufmann (Lisiecki u. Drewes S. 113; RG. 62 S. 232; 63 S. 73) selbst bei garantiertem Mindesteinkommen Bl. f. Rpfl. 01 S. 16; er ist selbstständiger, unabhängiger Gewerbetreibender im Gegensatze zum Handlungsgehülfen, welcher ein unselbständiges Glied im Geschäftsorganismus des Prinzipals bildet (OLG. 12 S. 423). Oft genug nennt er sich Provisionsreisender und bezeichnet sich damit als Angestellten, ohne es begrifflich zu sein. Charakteristisch für die Stellung als Agent ist die Tatsache, daß seine Vergütung stets in einer Provision für jedes einzelne zur Ausführung gelangte Geschäft besteht und daneben gewährtes festes Gehalt eine Ausnahme bildet (§ 88 HGB.). Über sonstige Merkmale der Agenteneigenschaft s. OLG. 14 S. 346.

Abhängig ist ferner nicht der geschäftsführende Gesellschafter der offenen Handels- oder Kommanditgesellschaft, nicht der Geschäftsführer der Gesellschaft m. b. H. (ebenso Staub, Kom. z. Ges. über diese Gesellsch. § 35 Anm. 48; inkonsequent daher Anm. 65 nur Gehaltspfändung über 1500 M. f. d. Jahr), nicht der Direktor der Aktiengesellschaft (ROHG. Bd. 13 Nr. 64 oder der Liquidator irgend einer Gesellschaft von der Gesellschaft, auch nicht der Hausgewerbetreibende (Begriffsbestimmung, Gewerbe-Unfallversgn. v. 5. VII. 00 § 5b), z. B. der Zwischenmeister in der Konfektion. Der Umstand, daß er nach freier Verfügung, wenn auch dauernd, von einem oder mehreren Gewerbetreibenden die einzelnen Arbeiten übernimmt und persönlich ausschließlich oder überwiegend mit Leitung, wenig oder gar nicht mit Herstellung der Erzeugnisse beschäftigt ist, unterscheidet ihn vornehmlich von dem Heimarbeiter, der auf Grund eines bindenden Arbeitsverhältnisses für einen Arbeitgeber aus besonderen Gründen in eigener Betriebsstätte tätig ist. Auf letzteren findet wegen seiner persönlichen und wirtschaftlichen Abhängigkeit das Gesetz Anwendung (so OLG. 11 S. 361; Bl. f. Rpfl. 04 S. 60; 119b GewOrd.). Sichere Handhabe zur Feststellung der Grenzen beider, durch Vereinbarungen oft verwischter Begriffe bietet die Anleitung des Reichsversicherungsamtes vom 19. XII. 99. — Der sog. Unternehmer, z. B. der Bauunternehmer, Gewerbetreibende großen Stils, ja selbst der gewöhnliche mit Gesellen oder fremden Arbeitskräften produzierende Handwerker genießt nicht den Schutz des Gesetzes. Mag er auch in einigen Beziehungen vom Besteller abhängig sein, so stellt er doch seine eigene Arbeitstätigkeit nicht unmittelbar in den Dienst einer anderen Person, wie der Arbeiter, so daß dies einen Verzicht auf die freie Verfügung seiner

Zeit und Arbeitskraft bedeutet, sondern bedient sich für seine Produktion im allgemeinen fremder Arbeitskräfte, wenn er auch selbst mitarbeitet (Staudinger S. 142). Seine Vergütung hat daher zum mindesten Teile den Charakter des Arbeitslohnes im Sinne des Gesetzes (s. S. 36 fg.), repräsentiert vielmehr neben dem Ersatze für den Produktionsaufwand (Bezahlung von Arbeitslöhnen Dritter usw.) zugleich den sog. Unternehmergewinn und die Kapitalrente (Staudinger a. a. O.); das Verständnis für den Gegensatz eröffnet RG. Bd. 4 S. 424. — Der Sträfling steht in keinem Dienstverhältnisse zur Strafanstalt, wenngleich sein Arbeitsverdienst gegen Beschlagnahme geschützt ist nach Kabinettsorder v. 28. XII. 40, vgl. Pick S. 35.

c) Das Dienstverhältnis setzt weiter die Leistung der Dienste durch den Dienstverpflichteten in eigener Person voraus (Sten.Ber. III S. 584). Der Arbeiter ist zur Vertretung durch einen Dritten nicht berechtigt (§ 613 BGB.).

2. **Das Arbeits- oder Dienstverhältnis muß die Erwerbstätigkeit vollständig oder hauptsächlich in Anspruch nehmen.** Mit anderen Worten: es muß ein Dienst- und Erwerbsverhältnis sein, auf das sich die wirtschaftliche Existenz des Arbeitenden ganz oder wenigstens vornehmlich aufbaut. Ein solches kann nur ein einzelnes sein. — Dadurch ist aber nicht bedingt, daß die hierzu erforderliche Tätigkeit des Arbeiters seine ganze Kraft und Zeit, also seine Erwerbsfähigkeit erschöpft oder überwiegend in Anspruch nimmt. Wird die Existenz des Arbeiters durch eine nur geringfügige oder zeitweilige Tätigkeit begründet und verwendet er seine übrige Zeit nicht noch anderweitig zur Arbeit, so ist immerhin bezüglich der Erwerbstätigkeit die Vorbedingung des § 1 erfüllt; den in solchem Falle erzielten Dienstlohn von dem durch das Gesetz gewährten Vorrechte auszuschließen (ROHG. Bd. 24 S. 363 fg.), weil die Erwerbstätigkeit

nur zu einem geringen Teile durch das Dienstverhältnis in Anspruch genommen wird und der Arbeiter noch zu anderem Verdienste fähig ist, erscheint nicht zutreffend. Auch Dernburgs Auffassung (Preuß. Privatr. Bd. 2, § 109 Anm. 6), der sich der Ansicht des ROHG. unter der Voraussetzung anschloß, daß der Arbeiter zu anderweitem Verdienste Gelegenheit hat, kann nicht beigetreten werden; nicht die Erwerbsfähigkeit, nur die Erwerbstätigkeit steht hier in Frage und ist allein zu berücksichtigen; so z. B. unterliegt der Gehaltsanspruch des Hauslehrers, der täglich nur wenige Stunden seinen Zöglingen Unterricht erteilt und nebenbei seine freie Zeit mit Studien für sich ausfüllt, dem Gesetze. Für die hauptsächliche Tätigkeit bildet also die auf die Arbeit überhaupt verwendete Zeit den Maßstab, und zwar ist die im Dienstverhältnisse aufgewendete gegen die überhaupt der Arbeit gewidmete abzuwägen, um festzustellen, welche überwiegt. Pick S. 44. Wenn das Gesetz nur Einnahmen aus der Hauptbeschäftigung schützt, so folgt daraus, daß Einkünfte aus einer daneben betriebenen Beschäftigung als Nebenverdienste der Pfändung nicht entzogen sind, (Sten.Ber. III S. 586fg.), gleichviel ob sie aus einem weiteren Dienstverhältnisse herrühren (z. B. Einnahmen einer Fabrikarbeiterin aus einer nebenher übernommenen, täglich kurze Zeit erfordernden Aufwartung) oder außerhalb eines solchen erzielt werden, gleichviel ob sie als berufsmäßige und dauernde erscheinen (Bezold S. 116), z. B. der Nebenverdienst des Hauslehrers als Korrespondent einer Zeitung oder als Reichstagsstenograph, ob sie an sich größer sind, als die aus der Hauptbeschäftigung gewonnenen (aM. LG. I Berl. T. 438/07), und ob sie 1500 M. für das Jahr nicht erreichen (Ggsz. § 4 Nr. 4 d. Ges.). Selbst vor Leistung der Arbeiten und vor Fälligkeit der Vergütung sind sie pfändbar. — In dem seltenen Falle, daß die verschiedenen Tätigkeiten die Arbeitszeit gleich stark in Anspruch nehmen, entspricht es dem Geiste des Gesetzes, einen Bezug und bei gleichen Bezügen den höheren dem Schuldner zu belassen (Pick S. 48).

Wegen Zusammentreffens mehrerer Bezüge S. 95.

3. **Es muß die Leistung von Arbeiten oder Diensten erfolgt,**

4. **der Tag, an welchem die Vergütung zu entrichten war, muß abgelaufen** und

5. **die Vergütung darf nicht eingefordert sein.**

I. Vorbemerkungen zu 3—5.

Diese Vorschriften bestimmen in ihrer Gesamtheit den Augenblick, bis zu welchem die Lohnbeschlagnahme ausgeschlossen, beziehungsweise von welchem ab sie gestattet ist.

In ihnen bekundet sich der Grundgedanke des Gesetzes, verwirklicht sich der Wille, der im Erwerb begriffenen Arbeitskraft gegen jeden Angriff Schutz zu gewähren und das Produkt der Arbeitstätigkeit zunächst unangefochten in die Hände des Arbeitnehmers hinüberzuführen, damit er in der Lage sei, daraus zur Erhaltung seiner Arbeitskraft und -lust die für sich und die Seinigen für die Zeit bis zur nächsten Lohnzahlung unentbehrlichen Lebensbedürfnisse zu befriedigen, weiter aber auch der Wille, von dem Augenblicke ab wo der Lohn nicht mehr zur Befriedigung der Lebensbedürfnisse des Arbeiters notwendig gebraucht wird, also in den Händen des Arbeitgebers die Natur eines erworbenen Kapitals des Arbeiters annimmt, ihn der Beschlagnahme nicht mehr zu entziehen. — Wie das Gesetz diese Aufgabe löst, wird die folgende Betrachtung der einzelnen Bestimmungen zeigen.

II. Einzelnes zu 3—5.

Zu 3. a) Die Arbeiten und Dienste bedeuten nicht etwas begrifflich Verschiedenes und weisen insbesondere nicht auf den Gegensatz von Werk- und Dienstverträgen (aM. Staudinger S. 159), sondern auf die Vielseitigkeit der Leistungen hin (s. S. 35). Sie sind ihrer Art nach unbeschränkt, umfassen daher körperliche und geistige, untergeordnete und höhere, mechanische (technische) und kaufmännische, handwerksmäßige und künstlerische, reproduktive und schöpferische Tätigkeit. Ohne Einfluß ist es, ob sie in oder außerhalb der Behausung beziehungsweise Betriebsstätte des Dienstberechtigten und ob sie für Personen geleistet werden, welche der häuslichen Gemeinschaft des Dienstberechtigten angehören oder nicht. Das ganze große Gebiet von Leistungen, wie sie auf Grund von Dienst- oder Werkverträgen übernommen zu werden pflegen (§§ 611 fg., §§ 631 fg. BGB.), zählt hierunter: Die Leistungen des Holzhackers, des Fabrik-, Werk- und Hüttenarbeiters, des Gesellen, Gewerbegehülfen und Dienstboten, welche der Entwurf des Gesetzes in § 1 benannte, gehören an sich ebenso hierher, wie diejenigen der Zeitungsredakteure, Künstler, Tänzerinnen, welche der Berichterstatter der Reichstagskommission hervorhob. Bezüglich der Leistungen der Schauspieler und Sänger eines Theaters hat das Reichsgericht dies ausgesprochen (Entscheid. Bd. 41 S. 53); von den Leistungen seiner Choristen, Musiker und des ganzen technischen Personals wird dasselbe gelten müssen. Das Urteil des Reichsgerichts Bd. 17 S. 86 steht dem nicht entgegen; der Begriff der Arbeiten und Arbeiter im Sinne der Versicherungsgesetze ist viel enger, als derselbe Begriff im Sinne dieses Gesetzes. Dies geht schon aus der Klassifizierung, welche Lasker gab, hervor, findet auch ferner im § 1 in den verschiedenen Bezeichnungen der „Vergütung" wie „Lohn, Gehalt, Honorar usw." Ausdruck. — Daher hat das Kammergericht auf die Tätigkeit des Artisten einer Spezialitätenbühne mit Recht das gegenwärtige Gesetz angewendet (vgl. Bl. f. Rpfl. 00 Nr. 3).

Der Kreis dieser Personen, welche gegen Entgelt ihre Arbeitstätigkeit unmittelbar in fremde

Dienste stellen und auf diese Weise verwerten (Arbeiter im weitesten Sinne des Wortes, Gesinde § 1 Ges.-Ord., zur Dienstleistung Verpflichtete § 613 BGB., Unternehmer § 631 BGB., Vergütungsberechtigte § 1 des Gesetzes) ist ebensowenig beschränkt, wie der Kreis derjenigen, welche als Arbeitgeber im weitesten Sinne des Wortes (Dienstberechtigte § 615 BGB., Dienstherrschaften im Gebiete der Gesindeordnung, Besteller § 631 BGB.) Dienste anderer in Anspruch nehmen. Letztere können Private, Kaufleute, Fabrikanten, Gewerbetreibende jeder Art, auch der Konkursverwalter nach Eintritt in den Vertrag (welcher aber nicht aus der Verwertung der Dienste zur Masse bis zum Ablaufe der Kündigungsfrist zu folgern ist, RG. 55 S. 267), auch juristische Personen, insbesondere Korporationen des öffentlichen Rechts, wie religiöse Korporationen, Gemeinden, ja der Staat selber sein.

Gegenstand der Leistung können sowohl die Dienste für sich betrachtet oder die Arbeiten als solche, als auch der hierdurch herbeizuführende Erfolg, das Produkt der Arbeit, sein. Meistens werden ja die Dienste und Arbeiten an sich gedungen sein, werden also Dienstverträge vorliegen (§§ 611 fg. BGB.), indessen lassen sich sehr wohl Fälle denken, in denen durch die Leistung zu bewirkende Erfolge oder die Herstellung beziehungsweise Veränderung einer Sache, also Werkverträge (§§ 631 fg. BGB.) den Vertragsinhalt bilden, z. B. der fortgesetzte Transport von Sachen (RG. Bd. 59 S. 309 unter der Annahme, daß der Schlepper zum fortgesetzten Schleppen der Schiffe der Gesellschaft in den Hafen gedungen war) und Personen oder das Schaffen wissenschaftlicher, künstlerischer und technischer Schöpfungen. Es ist kein Grund vorhanden, diese auszunehmen; auch hier werden ja Dienste und Arbeiten — nur mit vorherrschender Rücksicht auf ihr Ziel und Produkt — gedungen; auch hier können die Voraussetzungen des Arbeitsverhältnisses sehr wohl vorliegen, auch Abhängigkeit in dem S. 28 erläuterten Sinne. (Beispiele geben RG. 38 S. 117 und OLG. 15 S. 43.) Ebenso Mandry S. 210, Sinzheimer S. 41, Koch S. 15, Staudinger S. 159, aM. Pick S. 35. — Daß die Gesetzesvorschriften auf das eine wie das andere Vertragsverhältnis gleichmäßig bezogen werden sollten, deutet § 3 Abs. 2 des Gesetzes (s. S. 20) an, ganz abgesehen davon, daß der Gesetzgeber bei Durchführung der großen sozialpolitischen Gesichtspunkte, welche er verfolgte, nicht vor dem hier ziemlich bedeutungslosen Unterschiede der beiden Arten von Verträgen Halt machen wollte. (Staudinger a. a. O.)

b) Die Arbeiten oder Dienste müssen bis zum Ende des Zeitabschnittes geleistet sein, für welchen die Vergütung zu entrichten ist, ehe eine Beschlagnahme der Vergütung eintreten darf. Dieses Moment der Vorleistung der Arbeiten auf Seite des Arbeitenden ist einer der Grundpfeiler, auf welchen das Gesetz beruht.

Zu 4. a) Die Vergütung, welche geschützt werden soll, ist die Vergütung für Arbeiten oder Dienste (Lohn, Gehalt, Honorar usw.), als deren Lohn oder Entgelt („Arbeitslohn" in der Überschrift) sie erscheint, also der **Arbeitserfolg** (Sten.Ber. II S. 910; Pick S. 36fg., m. Auff. i. Bl. f. Rpfl. 02 S. 20). Anderen aus dem Verhältnisse für den Arbeitenden sich ergebenden Ansprüchen wird der Gesetzesschutz nicht zuteil (s. S. 56), weil sie im Gegensatz zu der erarbeiteten Forderung arbeitloses Einkommen sind. — Die Vergütung behält die wirtschaftliche Eigenschaft, als Erfolg der Arbeit, solange sie nicht vom Arbeiter mit oder ohne seinen Willen abgestreift ist. Dies ist der Fall, wenn dieser durch sein eigenes Verhalten, durch Tun oder Nichttun nach Fälligkeit zu erkennen gibt, daß er sie als Entgelt seiner Leistungen nicht in Anspruch nimmt, sondern zur wirtschaftlichen Bedeutung des Kapitals erhebt (Seuffert

42 Nr. 173). Dann erst büßt sie ihren Charakter und damit den Gesetzesschutz ein. — Aber auch schon beim Übergange auf einen Dritten (Erben oder Zessionar) wird die Lohnforderung, welche für den Arbeiter Arbeitserfolg ist, zum arbeitslosen Einkommen, Einzelnes hierüber s. S. 41.

b) Die Vergütung ist entweder vereinbart (§§ 611, 641 BGB.) oder als solche anzusehen (§§ 612, 632 a. a. O.) und wird nach Vereinbarung, Üblichkeit oder Gesetz entrichtet. Gemäß § 614 a. a. O. hat die Zahlung nach Leistung der Dienste und, wo die Vergütung nach Zeitabschnitten bemessen ist, nach Ablauf dieser einzutreten. — Vereinbarungsgemäß kann die Vergütung allerdings auch im voraus entrichtet werden. Sie ist aber alsdann als künftige Forderung schlechthin pfändbar (RG. 55 S. 334). Die Vorschriften dieses Gesetzes finden auf sie keine Anwendung. Denn das Gesetz beschränkt nach seiner deutlich ausgesprochenen Absicht (Sten.Ber. II 910, III 587) die Regelung der Lohnbeschlagnahme im Wege der Forderungspfändung nur auf diejenigen Verhältnisse, wo der Arbeiter nicht in der Lage ist, nach seinem Belieben den verdienten Lohn in Empfang zu nehmen, sondern nach Gewohnheit warten muß, bis sich mit dem Fortschreiten der Arbeit gewisse Summen ansammeln und er das Produkt seiner Arbeit realisieren kann. — Wenn Staudinger (S. 161) das Gesetz auch bei der Vorauszahlung des Lohnes anwenden will und dessen Beschlagnahme nur von der Arbeitsleistung abhängig macht, also nur bis zu diesem Zeitpunkte ausschließt — der Wortlaut des § 1 spricht nicht geradezu dagegen —, so übersieht er, daß alsdann die Lohnforderung überhaupt nicht mehr gepfändet werden kann. — Das Gesagte betrifft natürlich nicht Vorschußleistungen auf postnumerando zu zahlenden Lohn (s. S. 96). — Rückständige, d. h. vor dem letzten Zahltage fällig gewordene, aber nicht beglichene Lohnforderungen sind — bei nicht erfolgter

Einforderung nach Fälligkeit schlechthin pfändbar; in diesen Fällen wird die Einforderung durch den Schuldner bis zum Beweise des Gegenteils vermutet (LG. I Berl. T. 59/04). — Im Konkurse des Arbeitgebers findet Bezahlung der nach Eröffnung des Verfahrens geleisteten Dienste als Masseschuld am Zahltage, unabhängig vom Gange der Verteilung der Masse, statt (§§ 59, 57 KO.); Lohnforderungen aus der Zeit vor Konkurseröffnung dürfen, müssen dagegen nicht (wenngleich bevorrechtigt § 61[1] KO.) unabhängig von den allgemeinen Verteilungen, nach Feststellung im Prüfungstermine berichtigt werden (§§ 170, 149 a. a. O.); sie sind daher im Gegensatze zu den zuerst genannten Lohnforderungen auch erst nach dem Prüfungstermine pfändbar (teilweise anders D. J.-Ztg. 02 S. 300). — (Wegen Begriffs und Arten der Vergütung im einzelnen s. S. 56 fg.)

c) Die Bestimmung, daß der Tag, an welchem die Vergütung zu entrichten war, abgelaufen sein muß vor ihrer Pfändbarkeit, soll verhindern, daß bei einem nach Zeitabschnitten festgesetzten Lohne die bis zu einem bestimmten Tage verdiente Lohnrate ausgerechnet, als kapitalisierte Forderung des Arbeiters betrachtet und gepfändet wird, ebenso bei einem Stücklohn (Akkordarbeit) eine Lohnpfändung mit Fertigstellung eines Stückes eintritt. Damit würde die ganze oben dargelegte Absicht des Gesetzgebers vereitelt (s. S. 33). Es wird daher der ganze Zeitraum von Beginn des Dienstverhältnisses an bis zum gesetzlichen, vertrags- oder gewohnheitsmäßigen Zahlungstage und von diesem wieder bis zum nächstfolgenden und so fort als ein geschlossenes Ganze — als eine Lohnperiode betrachtet, welche für die Frage der Zulässigkeit der Lohnbeschlagnahme nicht in Teile zerlegt werden darf. In dem Berichte der Kommission ist hierüber bemerkt (Sten.Ber. III S. 582): „Erst wenn die Lohnperiode vollständig abgelaufen ist, ist der Gesamtlohn an Stelle der Arbeit getreten..... Streng genommen würde dieser Zeitpunkt mit dem Momente zusammenfallen, in welchem der Lohn ausgezahlt wird. Dagegen sprechen zwei Rücksichten: Die Rechtsverhältnisse lassen sich, wenn für deren Wirksamkeit eine allgemeine Zeitgrenze aufgesucht wird, überhaupt nicht gut nach Augenblicken regeln. Überdies würde das Gesetz wiederum den größten Teil seines Wertes einbüßen, wenn es dem Gläubiger gestattete, mit dem Schuldner gleichzeitig am Zahltische zu erscheinen.... Aus diesen zwingenden Gründen ist der Anfangspunkt der Exekutionsfähigkeit auf den nächsten Tag nach dem Ablauf der Lohnperiode verlegt worden." Daher ist die Beschlagnahme des Lohnes erst an dem dem Zahltage nachfolgenden Tage zulässig. — Dem Lohnberechtigten aber noch darüber hinaus für einen den Verhältnissen entsprechenden Zeitraum den Lohn als unpfändbaren zu belassen, weil er meist nicht sofort mit Fälligkeit bezahlt wird, wie OLG. 10 S. 385 tut, findet im Gesetz keine Stütze.

Hiernach ist eine vor dem gedachten Tage bewirkte Pfändung oder Vorpfändung der noch ausstehenden Lohnforderung (abgesehen von den Fällen des § 4 Nr. 4 S. Ges. S. 90), wirkungslos und wird auch nicht dadurch rechtswirksam, daß der Schuldner am Zahltage den Lohn nicht erhebt. — Aber weiterhin ist auch die exekutivische Wegnahme des bereits ausgezahlten Lohnes vor dem gedachten Zeitpunkte, sei es im Augenblicke der Auszahlung, sei es unmittelbar hinterher, gesetzlich unzulässig (ebenso Staudinger S. 159fg., und Gaupp Anm. IIc zu § 850; aM. Pick S. 66 u. d. dort Zitierten, sowie Sinsh. S. 74). Das Gegenteil kann aus der Stellung des LBG. in dem die Unpfändbarkeit von Forderungen behandelnden § 850 des ZPO. nicht entnommen werden, da das ganze Gesetz ohne Einschränkung dort in Bezug genommen ist. Wo die Pfändung aber trotzdem vor dem gedachten Zeitpunkte erfolgt, ist die Freigabe der gepfändeten Beträge von dem schwierigen Beweise ihrer Identität mit dem auf Grund des Gehaltsanspruches gezahlten Gelde abhängig; von diesem Nachweise wird nur in den Fällen des § 811 Nr. 8 ZPO. bezügl. des den Offizieren usw. Gezahlten eine Ausnahme gemacht. (Vgl. Motive zum BGB. IV S. 215.)

Zu 5. Nach dem aufgestellten Grundsatze mußte aber auch dann der dem Zahlungstage nachfolgende Tag als Anfangspunkt der Pfändung zulässig sein, wenn der Lohn zu entrichten war — aber nicht zur Auszahlung gelangte. Hierdurch konnte indessen leicht die gute Absicht des Gesetzes umgangen, der Arbeiter um den Lohn gebracht und seinen Gläubigern die Beschlagnahme ermöglicht werden, sei es, daß der Arbeitgeber kein Geld am Zahltage hatte oder durch Krankheit, Geschäftsabwesenheit usw. an dem Einhalten des Zahltages verhindert war, sei es, daß er im Interesse des Arbeiters oder in Kollusion mit einem Gläubiger die Lohnzahlung verzögerte. Dieser Erwägung verdankte der auf Antrag des Abgeordneten Reichensperger beschlossene Zusatz **„ohne daß der Vergütungsberechtigte dieselbe eingefordert hat"** seine Entstehung. Hierdurch wird es ermöglicht, den Arbeiter von dem Arbeitgeber unabhängig zu machen: nur durch Einfordern, d. h. Aufforderung zur Zahlung, sichert er seiner Lohnforderung den Schutz des Gesetzes, andernfalls gibt er sie dem Zugriffe der Gläubiger frei. Dieser Grundsatz führt zu folgenden Konsequenzen: Hat der Arbeiter am Zahltage den Lohn **eingefordert, aber nicht erhalten,** so besteht das Verbot der Pfändung zeitlich und inhaltlich unbeschränkt über den Zahltag hinaus fort — auch bei Hinterlegung des Lohnes durch den Arbeitgeber bei der Hinterlegungsstelle aus den im § 372 Satz 2 BGB. angeführten Gründen [s. folg. S.; in diesem Falle hat die

Forderung des Arbeiters gegen die Regierungshauptkasse auf Auszahlung des Lohnes dieselbe wirtschaftliche Aufgabe, wie die Lohnforderung gegen den Arbeitgeber selbst und dies allein ist maßgebend (Conrad S. 344; aM. Gaupp § 804, Anm. 2; Bl. f. Rpfl. 02 S. 46)] und auch wegen rückständiger Beträge (s. S. 37 fg.). Hat der Arbeiter den Lohn aber **eingefordert und erhalten,** so ist am nächsten Tage nach dem Zahltage die Möglichkeit seiner Pfändung gegeben; das letztere gilt auch dann, wenn er den Lohn **überhaupt nicht eingefordert hat,** oder gar mit dessen Annahme in Verzug gekommen ist und der Arbeitgeber daraufhin hinterlegt (§ 372 Satz 1 BGB.). Pfändbar wird auch der vom Arbeitgeber zunächst aus Anlaß des § 372 Satz 2 BGB. hinterlegte Lohn, welcher zufolge seines Verzichts auf die Rücknahme oder zufolge einer rechtskräftigen Verurteilung des Arbeitgebers bzw. eines Dritten in die Einwilligung zur Herausgabe an den Arbeiter für letzteren frei verfügbar und nicht unverzüglich abgehoben worden ist. — Der Verzug des Arbeitgebers mit der Zahlung zur festgesetzten Zeit macht die Einforderung der Vergütung nicht überflüssig (§ 284, Abs. 2).

Indessen erleiden die Regeln dadurch einige Einschränkungen, daß **die Lohnforderung,** wie gezeigt (s. S. 36 fg.), **nur als Arbeitserfolg geschützt** ist und durch Erhebung zum Kapitale den Schutz gegen Beschlagnahme einbüßt.

a) Trotz Einforderung wird die nicht gezahlte Lohnforderung pfändbar durch eine zwischen Arbeiter und Arbeitgeber nachträglich — auch vergleichsweise — getroffene Vereinbarung, daß sie weiterhin als Darlehn geschuldet (§ 607 BGB.) oder schlechthin, ohne Festsetzung von Fälligkeitsterminen, ganz oder teilweise dem Arbeitgeber belassen sein sollte (Seuffert 42 Nr. 173). Dagegen streift der Arbeiter der Forderung noch nicht unbedingt den vom Gesetze zugestandenen Schutz durch Bewilligung von Nachlaß, Stundung oder Ratenzahlung mit fest verabredeten Rückzahlungsterminen ab, da er möglicherweise in der Nachsicht den einzigen, ihn schnell in Besitz der Vergütung setzenden Weg erblickt (ebenso Oertel, Sächs. Arch. 8 S. 607, aM. Gaupp zu § 850 IIc), noch viel weniger durch eine vor Gericht oder außergerichtlich erzielte Anerkennung seiner Forderung (Seuffert a. a. O., OLG. X S. 384). Die Absicht, welche der Arbeitende mit seinen Maßnahmen verfolgt, wird in jedem einzelnen Falle entscheidend sein.

b) Trotz Nichteinforderung bleibt die Lohnforderung unpfändbar, so lange sie ihres wirtschaftlichen Charakters als Arbeitserfolg nicht entkleidet wird, also ihre Realisierung infolge äußerer Umstände unmöglich oder zwecklos ist, z. B. bei Krankheit oder Abwesenheit des Arbeiters, vorheriger Pfändung (LG. Prenzlau v. 16. VIII. 00), vorheriger Zahlungsweigerung (und ev. Hinterlegung) oder erklärter Zahlungsunfähigkeit oder im Konkurse des Arbeitgebers (s. S. 38). — In diesen Fällen folgt aus der Nichteinforderung nicht die Absicht der Kapitalisierung der Vergütung (aM. OLG. 02 Nr. 51b). Im allgemeinen unterstellt allerdings das Gesetz im Falle der Nichteinforderung am Fälligkeitstage den Willen des Arbeiters, den Anspruch zu kreditieren (LG. I Berlin T. 1359/02).

Die Einforderung des Lohnes erfolgt formlos, rechtswirksam nur an den Arbeitgeber in seinem Geschäftslokale oder seiner Arbeitsstätte (§ 269 BGB.) und ist ebenso, wie der Grund der Nichteinforderung im Rechtsstreite stets vom Arbeiter zu erweisen, der die Befreiung des Lohnes von der Beschlagnahme erstreiten will (JW. 1888 S. 196; OLG. 5, S. 455 u. Strieth. Arch. 87 S. 280 fg.). Daß sie nicht stattgefunden hat, ist so lange anzunehmen, als schuldnerischerseits nicht das Gegenteil glaubhaft gemacht ist (Sten.Ber. II S. 981). — Bei rückständiger Lohnforderung gilt entgegengesetzte Vermutung (LG. I Berl. T. 59/04, S. 38).

Eine bedingte Pfändung für den Fall der Nichteinforderung ist unzulässig.

B.

Belanglos ist für die Anwendbarkeit des Gesetzes:

1. der Rechtsgrund des Anspruches, um dessen Sicherung oder Befriedigung es sich handelt; er kann auf Vertrag oder unerlaubter Handlung beruhen (Ausnahme: § 4 Nr. 2 und 3, § 4a);

2. der Schuldtitel, auf Grund dessen zur Sicherstellung oder Befriedigung die Pfändung vorgenommen werden soll; er kann im Wege des gerichtlichen, wie des administrativen Verfahrens erlassen, auch eine nach § 794 Nr. 5 ZPO. vom Notar aufgenommene vollstreckbare Urkunde sein;

3. das Bestehen des Arbeits- oder Dienstverhältnisses zur Zeit der Lohnbeschlagnahme; auch nach seiner Auflösung noch nicht fällige Bezüge aus demselben, genießen den Gesetzesschutz, z. B. Provisionen. (LG. Berl. I T. 531/03).

4. die Existenz anderer Vermögensbestandteile des Arbeiters, welche dem Zugriff des Gläubigers unterliegen; das Verbot der Beschlagnahme des Dienstlohnes gilt absolut, d. h. in jedem Falle (Staudinger S. 158), also auch dann, wenn die sämtlichen Vermögensteile zusammen 1500 Mark für das Jahr übersteigen;

5. die Höhe der Vergütung an sich (Ausn.: § 4 Nr. 4, S. 90);

6. die Art der Vergütung (S. 60).

C.

Das Gesetz findet keine Anwendung:

1. auf Lohnforderungen der

a) in keinem Arbeits- oder Dienstverhältnisse Stehenden (s. unten);

b) in einem solchen Verhältnisse Stehenden, wenn die Forderungen

α) aus Nebenbeschäftigung herrühren (S. 32);

β) 1500 M. für das Jahr nicht erreichen und nach dem in § 1 festgesetzten Zeitpunkte nicht eingefordert sind (seien sie rückständige [s. S. 37 fg.] oder laufende);

γ) insgesamt 1500 M. für das Jahr übersteigen wegen und in Höhe des überschießenden Betrages (S. 90 zu § 4 Nr. 4);

δ) behufs Beitreibung von Steuern und Unterhaltsbeiträgen beschlagnahmt werden (Beschränkungen S. 77, 80, 100 zu § 4 Nr. 2 u. 3, § 4a);

ε wenn die Vergütung vor Leistung der Dienste erfolgt (S. 37);

2. auf ausbezahlte Löhne und Gehälter vor u. nach dem in § 1 genannten Zeitpunkte (S. 39; vgl. § 811 Nr. 2, 3 ZPO.);

3. auf Pensionen der Privatangestellten und Schadensersatzforderungen (S. 57 zu § 3).

In allen diesen Fällen findet die Beschlagnahme unabhängig von § 1 statt; bezüglich der zu 1 genannten Forderungen soll dies im folgenden Exkurse erläutert werden.

Exkurs zu § 1.

Die Beschlagnahme der Lohnforderungen, auf welche das Gesetz keine Anwendung findet (s. oben), **mögen die Berechtigten in einem Dienstverhältnisse stehen oder nicht,** erfolgt, abgesehen natürlich von Nr. 1 b β der obigen Ausführungen (C) — ohne Rücksicht auf Höhe, Fälligkeit und Einforderung der Vergütung oder auf Leistung der Arbeit, also auch dann, wenn es sich um noch nicht verdiente, also noch nicht bestehende, sondern erst zur Entstehung gelangende zukünftige Ansprüche handelt. Wenn solche Ansprüche für einmalige Leistungen in Frage kommen — es können diese auch von größerem Umfange sein (s. S. 28), z. B. der Anspruch eines Rechtsanwalts gegen seinen Auftraggeber aus einem erst begonnenen Prozesse, das Honorar eines Hausarztes oder die Tantieme eines Direktors einer Aktiengesellschaft noch vor Abschluß des Kalender- bezw. Geschäftsjahres, die Forderung eines selbständigen Handwerkers für übertragene, aber noch nicht ausgeführte Arbeiten, die Vergütung eines Schauspielers für ein vereinbartes, wenngleich noch nicht absolviertes Gastspiel (aber Saisongastspiel S. 29) — und gepfändet werden sollen, so ist Voraussetzung der Pfändbarkeit dieser künftigen Forderungen nicht einmal das Vorliegen eines bedingt oder betagt bindenden Vertrages: ebenso wie nach dem BGB. „die Abtretung künftiger Forderungen, zu denen noch nicht einmal ein rechtlicher Grund vorhanden ist, deren Entstehung vielmehr nur als möglich vorausgesetzt wird", rechtsgültig ist, so ist auch deren Beschlagnahme gestattet (§ 851 ZPO., RG. 55 S. 334, D. J.-Ztg. 04 S. 400 u. 426; anders LG. I u. II Berlin und J.W. 04 S. 365 für einen nach ALR. zu entscheidenden Fall); z. B. die Pfändung der zukünftigen Provisionsforderung eines Maklers für die auf eigene Hand ohne direkten Auftrag des Eigentümers betriebene Vermittlung eines Hausverkaufs. — Sollen dagegen zukünftige Forderungen eines Schuldners als Ausflüsse eines Gesamtrechts, als Ganzes, ohne spezielle Bezeichnung einzelner Raten gepfändet werden, so müssen sie auf Grund eines bereits bestehenden einheitlichen Rechtsverhältnisses als Gehalt oder ähnliche fortlaufende Bezüge geschuldet werden. Eine solche gehaltähnliche Forderung ist die Provisionsforderung des Agenten oder „Vertreters" eines Handelshauses, welchem die fortlaufende Tätigkeit im Interesse des Geschäftsherrn übertragen ist, trotzdem sie von bestimmter Betätigung innerhalb des übertragenen Geschäftskreises abhängt und je nach den Erfolgen in ihrem Umfange schwankt (RG. Entsch. v. 21. II. 1891 i. d. Besonderen Beilage z. Reichsanzeiger 1891 S. 201). Die Wirkungen solcher Pfändung bestimmen §§ 832, 833 ZPO.

§ 2.

Die Bestimmungen des § 1 können nicht mit rechtlicher Wirkung durch Vertrag ausgeschlossen oder beschränkt werden.

Soweit nach diesen Bestimmungen die Beschlagnahme unzulässig ist, ist auch jede Verfügung durch Cession, Anweisung, Verpfändung oder durch ein anderes Rechtsgeschäft ohne rechtliche Wirkung.

I. Allgemeines.

Der Paragraph will Rechtsgeschäfte des Arbeiters bezüglich der Lohnforderung vor dem in § 1 festgesetzten Zeitpunkte unmöglich machen, mögen sie der Umgehung des gesetzlichen Verbots des § 1 dienen, oder vorgenommen werden, um wirklich bestehende Forderungen zu decken (Mandry S. 216); er enthält zwingendes Recht. Wenn Absatz 1 jedes Paktieren über die Zulässigkeit einer gänzlichen oder teilweisen, dem Paragraphen zuwiderlaufenden Lohnbeschlagnahme, also alle Verträge verbietet, welche das Verbot des § 1 direkt umstoßen oder einschränken, so wendet sich Absatz 2 gegen alle Verfügungen des Arbeiters, welche — beabsichtigt oder nicht — indirekt die Lohnforderung schmälern. — Der Paragraph regelt daher wichtige Teile des Arbeitsvertrages!

II. Die Verfügungen über die Lohnforderungen.

Unter „Verfügungen durch Rechtsgeschäfte" oder rechtsgeschäftliche Verfügungen werden jetzt gemeinhin Rechtshandlungen verstanden, welche unmittelbar auf bestehende Vermögensrechte einwirken, indem sie die letzteren ganz oder teilweise übertragen, verändern oder beendigen. (Planck Bd. I S. 183, nicht aber die dem Rechtsakte selbst vorausgehenden Rechtsgeschäfte, welche nur die Verpflichtung zu einer Verfügung begründen (aM. Mandry S. 216). Indessen ist der Begriff vorliegend nicht so eng zu fassen. Nach Sten.Ber. III S. 582 sollte durch die Bestimmung „der Privatvertrag über die Enteignung zukünftiger Löhne als unwirksam bezeichnet werden", also jeder solcher Vertrag, daher auch das obligatorische Geschäft, auf Grund dessen die Verfügung selbst vorgenommen wird. — Verfügen in diesem Sinne kann der Arbeiter über, der Arbeitgeber gegen die Lohnforderung; im Abs. 2 ist aber nur an Verfügungen der ersteren Art gedacht, wie die angeführten Beispiele ergeben. Wirkungslos ist jedoch eine solche Verfügung des Arbeitenden nur insoweit, als es die Beschlagnahme nach § 1 sein würde (vgl. S. 25 fg.) und nur, wenn sie eine Enteignung des zukünftigen Lohnes enthält, also denselben verkümmert oder entzieht. (Sten.Ber. III S. 587.) Belanglos ist, wem gegenüber, Arbeitgeber oder Dritten, die Verfügung vorgenommen wird (Sinzh. S. 16), und wie die Vergütung zu verabfolgen ist (§ 115 Abs. 2 Gew.-Ord.).

a) Unzulässig sind demnach in dem Umfange des § 1 die Verfügungen des Arbeiters über den Lohn durch die namentlich aufgeführten Rechtsgeschäfte, die Zession (ebenso § 400 BGB.), Anweisung, Verpfändung [eine solche enthält auch die sog. Kautionsbestellung mit der Lohnforderung (vgl. m. Auff. i. Bl.

f. Rpfl. 02 S. 20), auch Lohneinbehaltungsabrede zur Sicherung des Arbeitgebers genannt (Sinzh. S. 97 fg.; sie ist nach § 119a Abs. 1 Gew.Ord. beschränkt, unbeschränkt dagegen in betreff der § 133a a. a. O. genannten Personen gültig)]. Unter den „anderen Rechtsgeschäften" sind Erlasse [auch die Abrede der Lohnverwirkung im Falle vertragswidrigen Handelns des Arbeiters fällt hierunter (Sinzh. S. 108 fg.); sie ist, trotz § 2 Abs. 2 des Gesetzes im Falle des Kontraktbruches, beschränkt gültig nach §§ 134 Abs. 2, 134b Nr. 5 Gew.Ord. (aM. Sinzh. S. 114), weil diese ausdrückliche, nach dem Inkrafttreten des BGB. entstandene Spezialvorschriften enthalten], Schenkungen, Vergleiche gemeint, letztere, wenn sie eine Lohnenteignung in dem eben erläuterten Sinne enthalten, nicht, wenn sie nur Stundung oder Ratenzahlung gewähren. Rechtsunwirksam sind nach Abs. 2 im Umfange des § 1 des Gesetzes auch die Vereinbarungen auf Ausschluß der in Gesetzen für den Arbeitenden aufgestellten Schutzvorschriften, soweit ihre Unwirksamkeit nicht schon in den Gesetzen selbst ausgesprochen ist, also des § 63 HGB. Abs. 1 (ein auf Abänderung des Paragraphen gerichteter, diese Unwirksamkeit bestimmender Gesetzentwurf liegt dem Reichstage vor) und des § 616 BGB. Auf diese Rechte kann in denjenigen Fällen, wo der Lohn unter der Grenze der Pfändbarkeit bleibt, nicht verzichtet werden. Die herrschende Meinung übersieht die Anwendbarkeit des Abs. 2 auf diese Fälle und steht daher auf anderem Standpunkte, so Planck Anm. 4 zu § 616, Staub Anm. 7 zu § 63 BGB.

b) Zulässig sind dagegen alle Rechtsgeschäfte des Arbeiters über die Lohnforderung:

1. wenn er sich nicht der Forderung selbst enteignet, also einen Dritten mit deren Erhebung beauftragt oder die Anrechnung gewisser Leistungen des Arbeitgebers auf die Lohnforderung, d. h. deren Minderung

durch Geltendmachung der auf Kosten des Arbeitgebers erlangten Vermögensvorteile mit diesem verabredet (§§ 617, 337 BGB; §§ 115, 133c Gew.Ord.; §§ 86, 87 pr. Gef. Ord.) oder wenn er die Zahlung eines Lohnvorschusses mit dem Arbeitgeber vereinbart, d. h. Vorausbezahlung eines Teils seiner Vergütung schon vor Fälligkeit im Hinblick auf noch zu leistende Arbeit und Kürzung des vorgeschossenen Betrages bei Fälligkeit infolge tatsächlicher Einbeziehung der bereits erfolgten Zahlung in die Gesamtschuld. Solche Vereinbarungen sind selbst bei einer 1500 M. jährlich nicht erreichenden Vergütung rechtswirksam (vgl. Sinzh. S. 43, D. J.-Ztg. 02 S. 47. Bescheid d. Justizmin. v. 24. IV. 82 [Müller I S. 674], anders J.W. 04 S. 402). Wegen Anrechnung des Vorschusses bei Pfändung des Gehaltes S. 96 fg. In einem erst in Aussicht genommenen Vertrage aber, wo die Vorschußleistung als Darlehen gewollt war (Str.Arch. 25 S. 37), stellt sie sich als Aufrechnungsvertrag und damit als unzulässige Verfügung des Arbeiters über die künftige Lohnforderung dar (s. S. 50 fg.);

2. wenn das Gesetz nicht Anwendung findet (S. 43 fg.);

3. bezüglich des Wertes von Material oder Ersatzes anderer Auslagen, welche mit der Vergütung in ungetrennter Summe bedungen sind (§ 3 Abs. 2 d. Ges., S. 50 fg.).

c) Unberührt durch § 2 ist die Aufrechnung des Arbeitgebers gegen die Lohnforderung (RG. 41 S. 54) und der Rechtsbehelf der Zurückbehaltung. (Über beides s. Exkurs zu § 2.)

III. Die Wirkungen des Verbots.

Die den verbotenen Rechtsgeschäften angedrohte rechtliche Unwirksamkeit ist als Nichtigkeit aufzufassen, da eine im öffentlichen Interesse zum Schutze der arbeitenden Klassen erlassene Vorschrift vorliegt (§ 134 BGB.).

Sie äußert sich nach drei Seiten:

a) der Arbeiter selbst kann das Geschäft als nichtig aufrufen;

b) der Dritte erwirbt kein Recht aus solchen Rechtsgeschäften;

c) der zahlungspflichtige Arbeitgeber wird durch die Leistung an einen Dritten gegenüber dem Arbeiter bezw. Pfandgläubiger nicht entlastet, setzt sich also der Gefahr doppelter Zahlungspflicht aus (Staudinger S. 162).

Nur durch Bestätigung des Rechtsgeschäfts nach dem in § 1 angegebenen Zeitpunkte ist die Nichtigkeit heilbar (§ 141 BGB.).

Die nichtige Nebenabrede hebt den Dienstvertrag, in welchem sie enthalten ist, trotz § 139 BGB. regelmäßig nicht auf, vgl. Staub, Exkurs zu § 62 HGB.

Exkurs zu § 2.

Aufrechnung und Zurückbehaltungsrecht gegenüber unpfändbaren Lohnansprüchen.

A. **Aufrechnen** kann an sich der Arbeiter mit seiner Lohnforderung, der Arbeitgeber gegen dieselbe.

I. Die Aufrechnung des Arbeiters ist als Verfügung über die Lohnforderung nach § 2 des Gesetzes in gleichem Umfange wie die Pfändung nach § 1 unzulässig (Sinzh. S. 19 fg.), mag sie vereinbart sein oder nicht.

II. Die Aufrechnung des Arbeitgebers gegen die Lohnforderung des Arbeiters wird durch § 2 nicht berührt, wie die Materialien zu unserem Gesetze außer Zweifel stellen (Sten.Ber. III S. 588).

1. Insoweit sie mit dem Willen des Arbeiters, also auf Grund eines Aufrechnungsvertrages, erfolgt, enthält sie wiederum eine Verfügung des Arbeiters über den Lohn (RG. 41 S. 54), und das zu I Gesagte findet Anwendung: Ohne rechtliche Wirkung ist daher

auf allen Rechtsgebieten eine vor dem in § 1 festgesetzten Zeitpunkte und in dessen Umfange getroffene Abrede, welche den Lohnabzug wegen persönlicher (z. B. Darlehen-, Bürgschafts-, Miets-) Forderungen und wegen Vertrags- und Ordnungsstrafen dem Arbeitgeber gestattet oder ihm ein Recht auf Kürzung des Lohnes wegen Lehrgeldes, fehlerhafter Arbeit, Beschädigung des Betriebsmaterials oder anderer Verstöße einräumt, selbst wenn eine solche in Dienstverträgen, Arbeits- und Hausordnungen von Fabriken, Handlungshäusern, Theaterunternehmungen usw. enthalten ist. Nach § 117 Abs. 2 Gew.Ord., welcher „jede Verwendung des Arbeitsverdienstes zu anderem Zwecke als zu Wohlfahrtseinrichtungen der Arbeiter" schlechthin verbietet, sind solche Aufrechnungen noch über die zeitlichen und sachlichen Schranken des LBG. hinaus für nichtig erklärt (Sinzh. S. 27). — Gesetzliche Bestimmungen, welche eine Vereinbarung über Aufrechnung gegen Lohnforderungen gestatten, sind nur soweit gültig, als sie ausdrückliche, nach dem Tage des Inkrafttretens des LBG. entstandene Spezialvorschriften hierüber enthalten; an diesem Rechtszustande hat § 394 BGB. um deswillen nichts geändert, weil er nur die vom Gläubiger, also hier dem Arbeiter, nicht gewollte, aufgezwungene Aufrechnung verbietet. Zulässig ist daher nach § 115 Abs. 2 Gew.Ord. die Aufrechnungsabrede wegen der Forderungen der Arbeitgeber für Lebensmittel, Wohnung, Landnutzung, Feuerung, Beleuchtung, Beköstigung usw. in dem daselbst angegebenen Umfange. Denn diese Bestimmung ist mit Bedacht gegenüber § 2 Abs. 2 unseres Gesetzes in der Novelle vom 1. VI. 1891 und der Neuredaktion vom 26. VII. 00 aufrecht erhalten worden. Dies ergibt der zunächst als Ergänzung und Zusatz zu § 115 gedachte, dann aber als besonderer Paragraph gestaltete § 115a Gew.Ord. durch seine ausdrückliche Bezugnahme auf § 2 uns. Ges. Um Aufrechnung kann es sich bei den genannten Forderungen aber nur dann handeln, wenn die Gegenstände auf Kredit geliefert werden, bevor der Lohn verdient ist, nicht auch dann, wenn die Hingabe an Zahlungsstatt bei Lohnzahlung oder als Lohnvorschuß erfolgt und ein Preisansatz nur behufs Berechnung des verbleibenden Barlohnes stattfindet, ohne daß eine Forderung entsteht (Schicker zu § 115 Note 16). In den letzten Fällen wird stets nur eine Anrechnung auf die Lohnforderung in Frage kommen, und diese ist gestattet (S. 48).

Zulässig sind nach § 117 Abs. 2 Gew.Ord. die Abreden betreffs Aufrechnung des Lohnes mit Forderungen der Arbeitgeber für „Einrichtungen zur Verbesserung der Lage der Arbeiter oder ihrer Familien".

Bei der Lohnverwirkung (s. S. 48) mindert sich die Lohnforderung des Arbeiters ohne Aufrechnung ohne weiteres bei Eintritt eines gewissen Tatbestandes. — Auch bei der Lohneinbehaltung findet keine Aufrechnung statt.

2. Die Aufrechnung des Arbeitgebers gegen die Lohnforderung ohne oder gegen den Willen des Arbeiters, also kraft Gesetzes ist nach § 394 a. a. O. gewissermaßen als „Selbstexekution in eine der Exekution selbst entzogene Forderung" in demselben Umfange, wie die Pfändung in § 1 auf allen Rechtsgebieten verboten (Ausnahmen S. 53). Der Arbeitgeber kann also insoweit — darüber hinaus ist es ihm gestattet, OLG. 5 S. 455 — keine irgendwie geartete Gegenforderung, sei es wegen gegebenen Darlehens, fehlerhafter Arbeit, Strafe usw. (s. S. 51), sei es wegen sonstiger Verfehlung des Arbeiters, geltend machen. Bezüglich des letzten Punktes wird im einzelnen folgendes bemerkt:

a) Tritt der Lohnforderung ein Anspruch des Arbeitgebers aus unerlaubter Handlung (fahrlässiger oder vorsätzlicher Beschädigung von Maschinen, Arbeitsgeräten,

-stoffen, -räumlichkeiten) gegenüber, so ist der Arbeitgeber im Umfange des § 394, der Arbeiter — selbst nach dem in § 1 des Gesetzes festgesetzten Zeitpunkte — gemäß § 393 BGB. aufzurechnen nicht befugt. Die gesetzlichen Vorschriften gewähren keinen Anhalt für die Annahme, daß gegen eine Lohnforderung die an sich unzulässige Aufrechnung dann zulässig wird, wenn auch gegen die aufzurechnende Forderung die Aufrechnung gesetzlich ausgeschlossen ist. Mit dem Grundsatze von Treu und Glauben (§ 242 BGB.) läßt sich hiergegen nicht ankämpfen (Sinzh. S. 54 fg.).

b) Bei Vertragsbruch des Arbeiters kann der Arbeitgeber die hierdurch entstandene Ersatzforderung gegen die Lohnforderung des Arbeiters aufrechnen: Ist der Arbeiter mit einem Teile der Vertragsleistung im Verzuge und bewirkt nicht vor Ablauf der ihm nach Maßgabe des § 326 BGB. Abs. 1 gesetzten Frist diese Leistung, so kann der Arbeitgeber vom Vertrage zurücktreten, ohne den Beweis liefern zu müssen, daß die Leistung kein Interesse für ihn habe. Alsdann tritt an Stelle des Arbeitsverhältnisses, welches hinfällig wird, ein neues, nach § 346 BGB. zu beurteilendes Schuldverhältnis. Der auf Wertvergütung der geleisteten Arbeit gerichtete Anspruch des Arbeiters ist kein solcher auf Vergütung im Sinne des LB.Gesetzes sondern auf Rückgabe, also pfändbar und aufrechenbar (Sinzh. S. 57 fg.). Unter Zuhilfenahme des § 346 a. a. O. erreicht der Arbeitgeber aber auch auf Grund der §§ 280, 286, 326 Abs. 3 BGB. ohne Fristsetzung und ohne Rücktritt vom Vertrage bei Nachweis des mangelnden Interesses an der bisherigen Teilleistung die Aufrechnung seines Schadens. — Wählt der gewerbliche Arbeitgeber statt der Rechte aus dem BGB. die fixierte Entschädigung gemäß § 124b Gew.Ord., so ist ein Anspruch auf weiteren Schadensersatz ausgeschlossen.

Als Ausnahmen vom Verbote der Aufrechnung gegen Lohnforderungen sind trotz § 394 diejenigen in Kraft geblieben, deren Aufhebung sich weder aus dem BGB., noch seinem Einf.Ges. (Art 32) ergibt:

aa) Nach § 115 Abs. 2 Gew.Ord. kann der Arbeitgeber in den Grenzen, die daselbst gezogen, sich für die dem Arbeiter kreditierten Waren im Wege der Aufrechnung auf seine Lohnschuld bezahlt machen (s. S. 51 fg., Sinzh. S. 46; Landmann § 115 Gew.Ord. Anm. 4; dagegen Neukamp Verw.-Arch. V S. 252 fg.).

bb) Der § 173 der sog. Knappschaftsnovelle vom 19. VI. 06 gestattet den Knappschaftsvereinen, die den Unterstützungsberechtigten zustehenden Ansprüche auf geschuldete Eintrittsgelder, Beiträge, Vorschüsse, Geldstrafen, Ersatzforderungen usw. aufzurechnen.

cc) § 9 des Gesetzes über die eingeschriebenen Hilfskassen vom 1. VI. 84.

dd) § 53 Abs. 1 des Krankenvers.Ges. vom 10. IV. 1892 und

ee) § 142 Abs. 1 des Invalidenvers.Ges. vom 13. VII. 99 gestatten dem Arbeitgeber ohne besondere Abrede bei der Lohnzahlung Aufrechnung mit dem auf die Arbeiter entfallenden Teile der Beiträge.

(Auch gegen die Entschädigungs- und Rentenforderungen der Arbeiter findet nach den S. 57 aufgeführten Paragraphen der Unfallversicherungsgesetze vom 5. VII. 00 in beschränktem Umfange Aufrechnung statt).

ff) In der großen Mehrzahl der landesgesetzlichen Gesindeordnungen wird dem Dienstherrn erlaubt, seine Entschädigungsansprüche wegen Verletzung der dem Gesinde obliegenden Verpflichtungen gegen dessen Lohnforderung aufzurechnen. (Genaue Aufzählung der betreffenden Vorschriften i. D. J.-Ztg. 07 S. 1248 Anm.) Diese Bestimmungen sind aus einem allgemein empfundenen Bedürfnisse heraus aufrecht erhalten (Art. 95 Abs. 2 Einf.Ges. z. BGB.). — Die preuß. Ges.Ord. erlaubt in §§ 88—91 auch dem Dienstherrn, wenn das Gesinde während der Dienstzeit, z. B. auf Urlaub, bei einem Vergnügen erkrankt, wegen der Kosten der länger als 6 Wochen dauernden Krankheit vom Lohne Abzüge zu machen. — Weiterhin erlaubt sie auch dem Dienstherrn in §§ 25, 26 den Abzug des Mietsgeldes.

B. In allen Fällen, in denen die Aufrechnung als Mittel zur Einziehung von Forderungen des Arbeitgebers gegen den Arbeiter versagt, tritt als Behelf das **Zurückbehaltungsrecht** an dem Lohnanspruche ein, welches dem Arbeitgeber durch § 2 des Gesetzes nicht genommen ist, ihm vielmehr wegen aller seiner Forderungen aus dem Dienstverhältnisse unter den Voraussetzungen des § 273 BGB. zusteht und durch den engen, gewollten oder als gewollt vorauszusetzenden Zusammenhang beider Forderungen gerechtfertigt ist (Dernburg II S. 127, Planck zu § 273, 2 a γ, Rehbein, Das bürgerl. Gesetzbuch II, S. 90, sub IX, D. J.-Ztg. 02, S. 86 fg., OLG. IV 28; V 456, VI 225 u. 423, entgegengesetzt Sinzh. S. 91 und die dort Angeführten).

Auch Reichs- und Preuß. Staatsverwaltung machen von diesem Rechte gegenüber den unpfändbaren Bezügen der Beamten Gebrauch (s. S. 77).

Die Natur des Dienstverhältnisses schließt die Geltendmachung des Zurückbehaltungsrechts nicht aus; auch ist durch seinen Zweck dieser Ausschluß nicht bedingt. Der wirtschaftliche Gesichtspunkt der Unterhaltsgewährung für den Arbeiter ist als Vertragszweck nicht anzuerkennen. Unrichtig ist es auch, den Ausschluß aus der Analogie mit der Aufrechnung (§ 394 BGB.) zu folgern, von der das Zurückbehaltungsrecht nach Voraussetzung und Wirkung verschieden ist, oder aus dem allgemeinen, den Materialien zum BGB. fremden Gedanken, dem Anrechte auf den vollen Lohn (Sinzh. S. 88 fg.) oder aus sozialpolitischen Erwägungen. Alles dies hat zurückzutreten gegenüber dem Grundsatze (Prot. der II. Kommission S. 311) des BGB., daß das Zurückbehaltungsrecht dem Schuldner ohne Rücksicht auf die Beschaffenheit der geschuldeten Leistung zu gewähren sei.

Über die Abrede der Lohneinbehaltung S. 48.

§ 3.

Als Vergütung ist jeder dem Berechtigten gebührende Vermögensvortheil anzusehen. Auch macht es keinen Unterschied, ob dieselbe nach Zeit oder Stück berechnet wird.

Ist die Vergütung mit dem Preise oder Werth für Material oder mit dem Ersatz anderer Auslagen in ungetrennter Summe bedungen, so gilt als Vergütung im Sinne dieses Gesetzes der Betrag, welcher nach Abzug des Preises oder des Werthes der Materialien und nach Abzug der Auslagen übrig bleibt.

Zu Absatz 1.

I. Begriff der Vergütung.

Die Vergütung, die Gegenleistung des Dienstberechtigten, Arbeitgebers, Bestellers an den zur Dienstleistung Verpflichteten (Vergütungsberechtigten des § 1), für Arbeiten und Dienste, setzt nach diesem Gesetze die sich vollziehende oder abgeschlossene Leistung der Arbeiten stets voraus (s. S. 36 fg., ebenso i. §§ 614, 641 BGB.), sie wird wie gezeigt (S. 36) als Entgelt der Arbeitsleistung, als **Arbeitserfolg** geschützt. Daher wird andern aus dem Arbeits- und Dienstverhältnisse entspringenden Ansprüchen der Schutz des Gesetzes nicht zuteil, also nicht den Forderungen des Arbeiters auf Ersatz von Material, Auslagen, Dienstaufwand (s. S. 63 fg.), nicht seinen Schadenersatzforderungen, einerlei, ob sie neben die Lohnforderung (z. B. § 618 Abs. 3 BGB.) oder an deren Stelle treten, nicht den sog. Lohn- oder Gehaltsentschädigungsansprüchen (Bl. f. Rpfl. 1891 S. 111; siehe unter Nr. II), nicht Pensionsansprüchen von Privatangestellten (Pensionen der Beamten, Offiziere usw. S. 75), selbst wenn sie zugleich mit dem Lohne oder Gehalte für die Zeit nach Beendigung des Dienstverhältnisses als Vergütung der Dienste im ganzen vereinbart sind (vgl. m. Auff. J. W. 08 S. 25 fg.; ebenso, aber mit anderer Begründung, Gaupp 850 II Nr. 1 a, a M. Peterson ebenda II Nr. 5 c), auch nicht den Ersatzforderungen wegen körperlicher Beschädigungen (s. S. 44). Dies folgt aus der Überschrift des Gesetzes und seinem § 1, der die Beschlagnahme erst für zulässig erklärt, „nachdem die Leistung der Arbeiten oder Dienste erfolgt ist".

Das Gesetz schützt auch nicht die Forderungen der Arbeitenden gegen Unfall-, Kranken-, Hilfskassen und Versicherungsanstalten, welche, abgesehen von wenigen Ausnahmen, nach gesetzlicher Vorschrift nicht gepfändet, verpfändet oder übertragen werden dürfen (§ 56 d. Krankenversichges. in der Fassung vom 10./4. 92 u. 30./6. 00; § 19 d. Hilfskassenges. in der Fassung vom 1./6. 84; §§ 55, 142 Invalidenversichges. v. 14./7. 99; § 96 Gewerbe-, § 102 Land- u. Forstwirtsch., § 37 Bau-, § 100 See-Unfallversichges. v. 5./7. 00).

Die Vergütung steht auch im Gegensatze zu einem Zinse oder Preise für vermietete oder veräußerte Sachen, weil sie nicht für ein bereits fertig vorliegendes Arbeitsprodukt, sondern als Austauschmittel für Entwickelung von Arbeitskraft gewährt wird (vgl. Staudinger S. 142).

II. Vergütung im Gegensatze zur Entschädigung.

Wegen der Schwierigkeit der nach dem oben Gesagten wichtigen Feststellung, wann Vergütung und wann Lohnentschädigung geschuldet wird — die Ausdrucksweise der Gesetze ist in dieser Beziehung nicht immer zuverlässig —, soll im folgenden beides gegenübergestellt werden.

A. Einen Anspruch auf **Vergütung** hat der Arbeitende, obwohl er keine Arbeit geleistet hat, mit Rücksicht darauf, daß die ihm obliegende Leistung nicht durch sein Verschulden unterblieb:

a) auf Grund eines Dienstvertrages im Falle

1. der Arbeitgeber mit Annahme der Dienste — selbst unverschuldet — in Verzug kommt (z. B. durch Unterlassen erforderlicher Anweisung, oder Nichtbeschaffung von Werkzeugen und Material), § 615 BGB.,

2. unverschuldeter Behinderung für eine verhältnismäßig nicht erhebliche Zeit ohne Verschulden in seiner Person oder durch ein außerhalb seiner Person eintretendes Ereignis, z. B. eigene oder eines Familiengliedes Krankheit, Einziehung als Geschworener oder zu militärischer Übung, Ladung als Zeuge, Verkehrsabsperrungen, besondere häusliche Verhältnisse, Entbindung der Arbeiterin (§§ 616, 617 BGB., 63 u. 72 HGB., 123 Abs. 3 u. 133c Gew.Ord., 86—88 Pr.GOrd.),

3. ungerechtfertigter vorzeitiger Entlassung (§§ 615, 628 BGB., 70 Abs. 1 HGB., 124a Gew.Ord.; OLG. VI S. 320, LG. Berl. I T. 1423/05; wegen Anrechnung des anderweit Erworbenen RG. 58 S. 402; Gehaltspfändung ist nur sehr beschränkt Entlastungsgrund OLG. 14 S. 344).

4. unmöglicher, vom Dienstherrn zu vertretender Dienstleistung (absichtliches Niederbrennen der Fabrik; § 324 Abs. 1 BGB.);

b) auf Grund eines Werkvertrages als Unternehmer im Falle

1. dauernder, nicht zu vertretender Unfähigkeit zur Herstellung des Werkes nach Anfertigung eines Teiles (§ 323 BGB.),

2. der Aufkündigung durch den Besteller (§ 649 eod. l.),

3. der Unmöglichkeit der Ausführung des Werkes infolge eines vom Besteller zu vertretenden Umstandes (§ 324 eod. l.),

4. des Unterganges, der Verschlechterung, Unausführbarkeit des Werkes vor seiner Abnahme infolge mangelhaften vom Besteller gelieferten Stoffes oder von ihm erteilter Anweisung (§ 645 eod. l.),

5. des Unterganges oder der Verschlechterung des Werkes nach Abnahme (§ 644 eod. l.).

B. Einen **Entschädigungsanspruch** hat der Arbeitende, wenn die ihm obliegende Leistung nicht erfolgt ist:

a) auf Grund eines Dienstvertrages im Falle

1. der Kündigung infolge vertragswidrigen Verhaltens des Arbeitgebers (§§ 628 Abs. 2 BGB., 70 HGB., 124 b Gew.Ord.),

2. seiner Erkrankung infolge der Außerachtlassung der gesetzlich gebotenen Fürsorge (§ 618 Abs. 3 BGB.),

3. ungerechtfertigter Entlassung des Dienstboten (§ 161 Pr. Ges.Ord.),

4. Aufkündigung des Konkursverwalters im Konkurse des Arbeitgebers vor Ablauf des Dienstverhältnisses (§ 22 Abs. 2 Konk.Ord.; RG. 55 S. 257);

b) auf Grund eines Werkvertrages im Falle

1. der unterlassenen, für die Herstellung des Werkes erforderlichen Handlung des Bestellers (§ 642 BGB.),

2. der durch Annahmeverzug des Bestellers erforderlichen Mehraufwendungen des Unternehmers für erfolgloses Angebot, Aufbewahrung und Erhaltung des Werkes (§ 304 BGB.).

III. Arten der Vergütung.

„Als Vergütung ist jeder dem Dienstverpflichteten gebührende Vermögensvorteil anzusehen," d. h. alles, was ihm als wirtschaftlicher Vorteil für seine im Dienstverhältnisse geleistete Arbeit zusteht, ohne Rücksicht auf eine getroffene Vereinbarung (wenn sie nicht vorliegt, ist taxmäßige bzw. übliche Vergütung zu gewähren [§ 612 BGB.]) und auf die für das Entgelt gewählte Bezeichnung.

Die Vergütung in Geld wird je nach der Art der Dienste „Lohn, Gehalt, Honorar usw." genannt; sie kann von vornherein fest bemessen oder aber unbestimmt sein und erst durch eine sich ereignende oder ergebende Tatsache festgestellt werden. Den Maßstab der Vergütung bildet entweder die aufgewendete Zeit (Zeitlohn) oder die Stück(An)zahl der gefertigten Arbeiten bzw. geleisteten Dienste (Stücklohn, Provision).

Die Gage der Schauspieler, ihr fester Entgelt für das Bereithalten ihrer Tätigkeit im Dienstverhältnisse, bildet neben dem Spielhonorare, der besonderen Bezahlung für tatsächliche Inanspruchnahme der Dienste, ihre Vergütung. Als Zuschüsse zur Gage sind vertraglich festgesetzte Einnahmen aus Benefizvorstellungen sowie nicht verbrauchte Garderobengelder anzusehen. Über Gastspiele s. S. 29, 45.

Die versprochene Provision des Reisenden für sog. Nachorders ist Entgelt für die Herstellung der Geschäftsverbindung, daher Arbeitserfolg, Vergütung.

Als Vergütung gelten vereinbarte Entgelte für Überstunden (s. S. 70) und Tantiemen, Teile des Unternehmergewinnes, mögen sie auf des Angestellten Mitarbeit oder hiervon unabhängigen Umständen (günstiger Konjunktur, Ernte usw.) beruhen (vgl. m. Auff. in D. J.-Z. 02 S. 451; entgegengesetzt Pick S. 38). — (Die Maximal- oder Minimaltantieme ist als feststehender Bezug neben dem eigentlichen Gehalte stets Vergütung, aM. D. J.-Z. 01 S. 491.)

Die Tantieme ist bei einer im Laufe des Jahres eintretenden Vertragsauflösung, selbst wenn sie später fällig wird, anteilig zu leisten, es sei denn, daß sie bei Entlassung des Angestellten wegen Pflichtverletzung verwirkt ist (OLG. 12 S. 417); indessen tritt bei arglistiger Ausübung des Kündigungsrechts von seiten des Arbeitgebers nicht ihr Verlust ein (so für Provision RG. 58 S. 362). Diese Grundsätze treffen aber für zugesagte Gratifikationen zu Weihnachten und Neujahr nach Handelsgebrauch und Gerichtspraxis nicht zu (Gut. d. Ält. d. Kfmsch. I. Folge S. 4; Ges. u. Recht 06 S. 112), wenngleich sie auch Zuschläge zur Vergütung sind.

Reisediäten und -spesen sind pauschaler Ersatz für aufzuwendende Kosten, bilden daher insoweit einen Teil der Vergütung, als sie über den üblichen, der Pfändung nicht entzogenen Reise- und Dienstaufwand hinaus bemessen werden (OLG. VI S. 418). Dabei ist auch die Ersparnis, welche der Handlungsreisende dadurch macht, daß er die auswärtige Verköstigung aus den ihm für Reisen gewährten Diäten bezahlt, als indirekter Vermögensvorteil und somit Vergütung in Rechnung zu stellen; allerdings müssen hiervon seine Mehrausgaben für Kleidung, Wäsche und Schuhwerk auswärts, nach ihrem durchschnittlichen, vom Schuldner zu erweisenden Betrage abgezogen werden (OLG. VI S. 141, Seuffert 30 S. 450). Dagegen sind Reisespesen in Höhe der im einzelnen nachzuweisenden Auslagen oder eines angemessenen, vom Reisenden nach Treu und Glauben anzugebenden Ertrages (Vertrauensspesen) kein Teil seiner Vergütung.

Den Charakter vertragsmäßiger Vergütung haben ferner vereinbarte Repräsentationsgelder (RG. 16 S. 318), nicht die Repräsentationsgelder eines Brauereireisenden zur Bezahlung von den im Interesse der Brauerei bei Abschlüssen gemachten Zechen (Pos. MSchr. 05 S. 55; aber S. 61, 63 und die zur Bestreitung eines Dienstaufwandes bestimmten Umzugsspesen, Tagegelder, Fuhrkosten, Wohnungszuschüsse, Kleidergelder, wenn der Prinzipal für Uniform Geld gibt (Staub a. a. O. Anm. 47). — Der Vergütung zuzurechnen sind auch Kost-, Spund-, Stamm-, Schußgelder.

Trinkgelder sind im allgemeinen neben Lohn und Gehalt nicht als Teile der Vergütung anzusehen; wenn sie aber den Bediensteten vom Dienstherrn als vereinbartes Entgelt dafür gegeben werden, daß solche von Gästen nicht angenommen werden dürfen, bilden sie einen Teil der Vergütung im Gegensatze zu den von Reisenden oder Gästen an Gepäckträger oder Diener gegebenen.

Auch naturale Leistungen, gleichviel ob von vertretbarer Beschaffenheit oder nicht (Staudinger S. 115), können als Vergütung an Stelle des Gehalts oder Lohnes gewährt werden, z. B. Beköstigung, Kleidung, Feuerung, Beleuchtung, Wohnung, Landnutzung, ärztliche Hilfe und Arzneien. Diese Art der Vergütung (Trucksystem) ist im Handelsverkehr nicht verboten (Staub Anm. 23 z. § 59), auch nicht für die nach dem BGB. zu beurteilenden Dienstverhältnisse (Planck Anm. 3 § 612), für das Gebiet der Gew.Ord. aber nur beschränkt zulässig (§§ 115fg. Gew.Ord. s. S. 44fg.). — Soweit die Vergütung nicht in Geld besteht, wird sie nach Ortsdurchschnittspreisen, wie sie von der Polizeibehörde festgesetzt sind, in Ansatz gebracht und ihr Schätzungswert zu dem baren Lohne zugerechnet.

Zwecks Feststellung des Gesamtbetrages der Vergütung, welcher für die Pfändung große Bedeutung hat (vgl. § 4 Nr. 4 des Gesetzes), werden alle Teile und Arten der Vergütung zusammengezählt. Auch Gelder, Waren und Vorteile, welche als Entgelt für die Leistungen des Arbeitenden seinen Familienmitgliedern zugewendet werden, sind Teile seiner Vergütung.

IV. **Die Pfändbarkeit der Vergütung**

bestimmt sich nach deren Übertragbarkeit (§ 400 BGB.). Geldleistungen sind daher an sich stets, fixierte Leistungen von Naturalien aber soweit pfändbar, als diese selbst nicht nach § 811 ZPO. unentbehrlich sind (Gaupp § 851 III). — Wo aber Leistungen so an die Person des Vergütungsberechtigten gebunden sind, daß eine Übertragung auf eine andere Person eine Veränderung ihres Inhalts bedeutet (§ 399 BGB.), sind die Forderungen unfändbar, so der Anspruch auf Beköstigung im Haushalte oder persönliches Wohnrecht. Ist von mehreren alternativ zu bewirkenden Leistungen eine unpfändbar, so wird auch Unpfändbarkeit der anderen angenommen (Seuffert 41 Nr. 318, Gaupp § 851 III, Ztschr. d. Ak. Breslau 01 S. 33); da die einmal getroffene Wahl eine endgültige (§ 263 BGB.), so muß der Pfändungsgläubiger sie auch gegen sich gelten lassen.

Zu Absatz 2.

Die dem ersten Entwurfe des Gesetzes wortgetreu entnommene Bestimmung bezweckt die Ermittelung der Höhe des reinen Lohnes, des eigentlichen Entgelts der Arbeit in den Fällen, in welchen der Arbeiter das von ihm angeschaffte oder ihm anvertraute und ihm berechnete Material mit dem Lohne in ungetrennter Summe empfängt.

Für diese Art der Ablohnung bilden Beispiele ein Arbeiter, der einem Arbeitgeber gegenüber sich zur Anfertigung von Kostümen unter Hergabe der Stoffe und Zutaten zu festem Preise verpflichtet, ferner ein Geschäftsreisender, welcher neben seinem Gehaltsfixum auf tägliche Reisespesen gestellt, damit meistens nicht nur einen Entgelt für Kosten der Beförderung und des Unterhalts auf der Reise, sondern darüber hinaus noch einen wirtschaftlichen Vorteil, eine Vergütung für seine Tätigkeit erhält (OLG. VI S. 139; s. auch S. 62).

Alles dasjenige, was von dem Lohne nicht als Arbeitserfolg selbst zu betrachten ist, wird nach Abs. 2 des § 3 von der Vergütung abgezogen und von dem Verbote der Pfändung nicht berührt. Daher sind die in ungetrennter Summe mit der Vergütung verbundenen Ansprüche des Arbeiters gegen den Arbeitgeber auf Ersatz von Material und anderen Auslagen — dahin ist nicht Dienstaufwand und Repräsentationsgeld (S. 62) [wohl aber ein Betrag f. Beschaffung u. Erhaltung von Arbeitsgerät S. 94] zu rechnen (Ggstz. § 850 Abs. 5 ZPO.) — grundsätzlich schlechthin pfändbar, wenn sie nicht im einzelnen Falle von der Pfändung gemäß § 811 Nr. 2 u. 5 ZPO. ausgeschlossen sind u. bilden auch für den Arbeiter ein verfügbares Vermögensobjekt. — In RG. 4 S. 423 ist angenommen, daß derjenige Teil des Lohnes, welcher dem Arbeitenden als Entgeltung der von ihm angenommenen Gehilfen zusammen mit seinem Lohne berechnet und ausbezahlt wird, als Vergütung anzusehen ist, während in Busch 12 S. 161 in einem ähnlichen Falle (Tatbestand ist nicht ganz ersichtlich) LG. Ulm diesen Teil des Lohnes als Ersatz für Auslagen betrachtet. In dem einen oder anderen Sinne wird zu entscheiden sein, je nachdem im einzelnen Falle die Hilfskräfte als vom Arbeitgeber angenommen zu gelten haben oder nicht (anders Konrad S. 377).

§ 4.

Das gegenwärtige Gesetz findet keine Anwendung:

1. auf den Gehalt und die Dienstbezüge der öffentlichen Beamten;

2. auf die Beitreibung der direkten persönlichen Staatssteuern und Kommunalabgaben (die derartigen Abgaben an Kreis-, Kirchen-, Schul- und sonstige Kommunalverbände mit eingeschlossen), sofern diese Steuern und Abgaben nicht seit länger als drei Monaten fällig geworden sind;
3. auf die Beitreibung der den Verwandten, dem Ehegatten und dem früheren Ehegatten für die Zeit nach Erhebung der Klage und für das diesem Zeitpunkte vorausgehende letzte Vierteljahr kraft Gesetzes zu entrichtenden Unterhaltsbeiträge;
4. insoweit der Gesammtbetrag der Vergütung (§§ 1, 3) die Summe von fünfzehnhundert Mark für das Jahr übersteigt.

A. Allgemeines.

1. Das Gesetz, ein Bestandteil des § 850 ZPO., verbietet die Pfändung des noch unverdienten bzw. nicht fälligen Dienstlohnes nur unter ganz bestimmten, in § 1 enthaltenen Voraussetzungen; im übrigen ist die Lohnbeschlagnahme den Bestimmungen der ZPO. unterworfen (s. Einleitung S. 23 u. S. 43 fg.).

Von diesem Gesichtspunkte aus sind die Ausnahmen des § 4 zu erklären: es wird durch sie nicht ein neues selbständiges Exekutionsrecht begründet, bewendet vielmehr trotz ihrer bei der fortdauernden Herrschaft der außerhalb des LBG. geltenden Rechtsvorschriften mit den Einschränkungen, welche durch § 4 hinsichtlich der Voraussetzungen und des Umfanges der Pfändung gemacht werden. In diesem Sinne sind die den Paragraphen einleitenden Worte: „Das gegenwärtige Gesetz findet keine Anwendung", zu verstehen (Sten.Ber. II S. 588).

2. Die vorher dargelegte Absicht des Gesetzes ist aber mehrfach bei den Abänderungen, die es erfahren, durchbrochen und ein direktes, materiellrechtliches Pfändungsrecht geschaffen worden; das Nähere hierüber ergibt die folgende Darstellung.

3. Die Ausnahmen des § 4 gelten auch dann, wenn durch die Pfändung der Unterhalt des Schuldners beeinträchtigt wird.

4. Die einzelnen Ausnahmen, von denen die Nummern 3 und 4 erst im Laufe der Reichstagsverhandlungen hinzugekommen sind, bilden ein recht buntscheckiges Ganze: Zusammengewürfelt sind die Forderungen, welche gepfändet werden können (1 und 4), und die Forderungen, deretwegen gepfändet werden soll (2 und 3). Wenn auch logisch eine andere Einteilung des Stoffes angebracht erschiene, so soll doch an der Nummernfolge des Paragraphen mit Rücksicht auf die erstrebte leichtere Auffindbarkeit der einzelnen Bestimmungen festgehalten werden.

B. Die einzelnen Ausnahmen sind:

Nr. 1. Der Gehalt und die Dienstbezüge der öffentlichen Beamten.

1. Der Begriff der öffentlichen Beamten ist weder in diesem Gesetze, noch in der ZPO., noch im BGB. bestimmt; als Gegensatz zu ihnen waren gemäß Nr. 4 des § 4 früherer Fassung „die im Privatdienste dauernd angestellten Personen", die Privatbeamten des § 622 BGB. gedacht. Man wird daher hier als öffentliche Beamte mit Staudinger S. 169 alle Bediensteten in öffentlicher Funktion, gleichviel ob sie ihre Bestallung vom Kaiser, Landesherrn oder einer kompetenten öffentlichen Behörde ableiten, zu verstehen haben.

2. Bevorrechtigt sind durch § 850 Abs. 1 Nr. 5, 6, 8 ZPO. folgende Personenklassen derselben:

A. Die Militärpersonen.

Dieses sind:

a) die Personen des Soldatenstandes (s. Anlage z. Ges. betr. Revision des Servistarifs v. 3. August 1878, RGBl. S. 244), aber nur die dem Reichsheere zugehörigen. Den zur Landgendarmerie angehörenden kommt Nr. 5 u. 6 a. a. O. nicht zustatten, Nr. 8 nur deshalb, weil sie als „Beamte" anzusehen sind (RG. Bd. 44 S. 190; 28 S. 1);

b) die Militärbeamten, d. h. alle im Heere und in der Marine dauernd oder auf Zeit angestellten, nicht dem Soldatenstande angehörenden und unter dem Kriegsminister oder dem Chef der Admiralität stehenden Beamten, welche einen Militärrang haben (s. Verordn. v. 12. August 1901 betr. die Klasseneinteilung der Militärbeamten des Reichsheeres und der Marine (RGBl. 1901 Nr. 36).

Die Zivilbeamten der Militärverwaltung, d. h. diejenigen, die keinen Militärrang haben, sind, obgleich sie zum aktiven Heer zählen (§ 38 RMG. v. 2. Mai 1874), keine Militärpersonen.

B. Die Beamten, Geistlichen, Ärzte und Lehrer an öffentlichen Anstalten.

1. Unter Beamten sind nicht zu verstehen die Militärpersonen (siehe unter A) und die in Absatz 1 des § 850 ZPO. unter Nr. 8 mit ihnen zugleich aufgeführten Geistlichen, Ärzte und Lehrer; es sind nach obigem Begriffe dazu die Zivilbeamten der Militärverwaltung (s. oben) und der Zivilbehörden zu rechnen, gleichviel, ob

sie Reichs- und Landesbeamte sind (vgl. Mot. z. § 311 des Entw. d. BGB. Bd. 2, S. 140), aber auch die zur Dienstleistung in den Kommunen, anderen öffentlichen Verbänden und Korporationen zu öffentlichen Zwecken angestellten Personen.

Das Amt ist indessen nicht ausschlaggebend für den Begriff der Beamten; es gibt einerseits Beamte, die kein Amt verwalten, z. B. die in einstweiligen Ruhestand versetzten Beamten, die nach dem R.Beamt.Ges. vom 18. V. 07 als Beamte gelten (§§ 24, 119, 84—118 daselbst), und andererseits auch Verwalter öffentlicher Ämter, die nicht Beamte sind, z. B. Geistliche. — Die Eigenschaft eines Beamten beruht auf deren besonderer Beilegung, indem ihm bei Berufung zu dem Amte von den anstellenden Organen entweder Bestallung erteilt oder deutlich erkennbar gemacht wird, daß er über die privatrechtlichen Pflichten zur Erfüllung der im Dienstvertrage bestimmten Leistungen hinaus die allgemeinen öffentlich-rechtlichen Pflichten eines Beamten übernehmen und abgesehen von den besonderen Dienstfunktionen zu Treue u. Gehorsam verbunden sein solle (Laband Bd. 1, S. 407; RG. Bd. 28 S. 80fg., 51 S. 305; O.Verw.G. 20 S. 126). — Hofbeamte, die bei einem „Hofstaate" Bediensteten, genießen Beamtenqualität nur, soweit sie zugleich eine Staatsstellung bekleiden; die übrigen, wie z. B. alle an Kgl. Theatern beschäftigten Personen (OLG. VI S. 419, Müller I S. 890, a. A. Busch 18 S. 295, Pr. Verw.Bl. XIII S. 372) Hausoffizianten und Hofgesinde, sind keine Beamten; ebensowenig ein vom Militärfiskus in der Artilleriewerkstatt zur Ausführung von Arbeiten angestellter Tischler und Schlosser (aM. LG. I Berlin T. 13 02) — ebensowenig der Arbeiter auf den staatlichen Schiffswerften, oder der Angestellte einer Berufsgenossenschaft, Krankenkasse und Versicherungsanstalt. — Den Kreis der Kommunalbeamten bestimmt das Landesgesetz v. 30. VII. 99 ev. Ortsstatut (s. Berlin vom 28. IV. 02).

Für die Begründung eines Beamtenverhältnisses ist es unerheblich, ob die Anstellung eine schriftliche oder mündliche, dauernd oder zeitlich begrenzte, oder gar von vornherein nur vorübergehend, auf Probezeit, Kündigung oder Widerruf gestellte ist, ob ein etatsmäßiges oder nicht etatsmäßiges Staatsamt bekleidet wird oder zunächst nur eine bloß vorbereitende Beschäftigung für Erlangung der Fähigkeit zu einem solchen eintritt (RG. 51 S. 304), ob das Amt im Hinblick auf Art und Umfang als ein den Lebensberuf ganz ausfüllendes Hauptamt oder als Nebenamt anzusehen ist (Laband a. a. O.), ob höhere oder niedere Dienste geleistet, obrigkeitliche Geschäfte besorgt, oder Dienste technischer Art versehen werden, ob die Dienste selbständig mit dem Rechte eigener Verfügung und Entscheidung, oder nach Anordnung anderer Personen vorgenommen werden, ob fester Gehalt zugesichert ist oder nur ein Anspruch auf Gebühren besteht. Zu den Beamten werden daher nicht nur die bei einer Behörde beschäftigten Kanzlisten und Kanzleidiätare, sondern auch die Kanzleidiätare — aber nicht die Hilfsschreiber — gerechnet (Kanzl.Ord. v. 27. III. 07).

2. Geistliche, sowie Ärzte und Lehrer an öffentlichen Anstalten sind mit den Beamten auf eine Stufe gestellt (vgl. Prot. z. Art. 78—80 Einf.Ges. z. BGB.).

Geistliche sind ohne Unterschied des Religionsbekenntnisses alle diejenigen Personen, welche in einer Religionsgesellschaft die Funktionen der Seelsorge als Amt ausüben, im Gegensatz zu anderen Kirchendienern (Gaupp § 811 Anm. 87). Die Lehrer genießen die ihnen hier eingeräumten Vorrechte nur als „an öffentlichen Anstalten" Angestellte, also wenn sie an staatlichen oder Kommunal-(nicht privaten)Schulen höherer oder niederer Ordnung, oder auch an anderen Anstalten, z. B. Strafanstalten, eine Lehrtätigkeit ausüben, Ärzte nur dann, wenn sie in „öffentlichen" Heilanstalten ein festes Berufseinkommen beziehen; die in öffentlichem Interesse gegebene Bestimmung ist auf Ärzte in „Privatanstalten" nicht auszudehnen, auf Krankenkassenärzte nur, wenn sie an einem der Kasse gehörigen Krankenhause angestellt sind („Das Recht" VII S. 46).

3. Bevorrechtigt ist aber nur (als Unterhaltsrente JW. 01 S. 811)

a) das Diensteinkommen,
b) die Pension,
c) der Sterbegehalt,
d) der Gnadengehalt.

a) Das Diensteinkommen der in Nr. 8. daselbst genannten Personen umfaßt alle dauernden Vergütungen für geleistete Dienste in Geld oder Naturalien, also außer dem Gehalte noch Wohnungsgeldzuschuß, Genuß einer Dienstwohnung, Mietsentschädigung, fortlaufende Tagegelder und Remunerationen (auch Bezüge von Schuldienern für Reinigung und Heizung der Schulräume, LG. Berlin I T. 511/02; Überverdienst der Kanzleibeamten [Verf. d. Justiz.Min. v. 12. III. 01 i. Ztsch. f. Vollstreckr. 15, S. 134]), aber nicht den sog. Dienstaufwand (Ggst. S. 62), die Vergütung für Auslagen und Verwendungen, also keine Pauschalsumme, für Büreaubedürfnisse, Repräsentationsgelder, Fuhrkosten, Umzugskosten, Tagegelder und nicht fortlaufende Remunerationen, z. B. für zeitweise Beschäftigung außerhalb des dienstlichen Wohnsitzes (D. J.-Ztg. 02 S. 488). Diese lediglich zur Bestreitung des Dienstaufwandes bestimmten Einkünfte sind ebenso unpfändbar, wie der an sich einen Teil des Diensteinkommens bildende Servis der Offiziere, Militärärzte und Militärbeamten (§ 850 ZPO. Abs. 5 und RG. 59 S. 422). Bezüglich der den unteren Beamten gewährten Gratifikation s. S. 61.

Stets unpfändbar ist das Diensteinkommen aller zu einem mobilen, d. h. durch kaiserlichen Befehl kriegsbereit gestellten (Art. 63 Abs. 4 der Rverfass.; militärische Unternehmung ist nicht immer Feldzug, RGes. v. 31. V. 01, LG. Berl. T. 832, 00) Truppenteile oder zur Besatzung in Dienst gestellter Kriegsfahrzeuge gehörenden Militärpersonen (ZPO. § 850 Nr. 6) und der Sold, das in Form von Löhnung oder Gehalt und Servis gewährte Diensteinkommen (OLG. 15 S. 166) der Unteroffiziere und Gemeinen sowie ihre Invalidenpension (Nr. 5 das.), ebenso stets unpfändbar (s. S. 74) die allen Kriegsinvaliden (RGes. v. 31. V. 01) und den pensionierten Offizieren (RGes. 31. v. V. 06 § 37) zukommenden Kriegs-, Verstümmelungs- und Alterszulagen und die auf Grund des RGes. v. 31. V. 06 betr. Versorg. d. Person. d. Unterklassen d. Reichsheer. den Unteroffizieren u. Gemeinen eingeräumten Versorgungsgebührnisse (Militärrente b. Erwerbsunfähigkeit § 1; Verstümmelungszulage § 13; Kriegszulage § 14; Zivilversorgungsentschädigung § 19, -abfindung § 21; bedingte Rente und Rentenzuschüsse § 24; Alterszulage § 26; Tropenzulage § 67; Dienstprämie der Kapitulanten § 40), gleichviel, wie hoch sie sind, von wem und wegen welcher Forderung sie in Anspruch genommen werden (so f. Alterszulagen der Kriegsinvaliden Kgl. Kammerger. 12. X. 1030/05 auf Grund des RGes. v. 31. V. 01); pfändbar ist nur die Dienstprämie in Fällen des § 850 ZPO. Abs. 4 (§ 40 a. a. O.). — Noch bis zum Ablaufe von drei Monaten nach Auszahlung ist ein der Dienstprämie und der einmaligen Geldabfindung für den Zivilversorgungsschein gleichkommender Geldbetrag schlechthin unpfändbar (§ 40 a. a. O.).

b) Die Pensionen sind Bezüge der endgültig in den Ruhestand getretenen Personen; hierzu zählen auch die sogenannten Wartegelder der einstweilig in den Ruhestand versetzten Beamten (§§ 24 fg. RBeamt.Ges. v. 18.

V. 07), auch die den früheren Hypothekenbewahrern gewährten sog. Dispositionsgehälter (Ges. v. 18. VII. 96). Die im Disziplinarwege zuerkannte Unterstützung ist der Pension gleich zu achten (Reskr. d. Finanzmin. v. 9. VIII. 1884, OLG. 15 S. 283), ebenso der Zuschuß aus einer staatlich genehmigten Pensionszuschußkasse (Lisiecki und Drewes S. 118), auch die in einem Rechtsstreit über die Rechtmäßigkeit der Entlassung eines Lehrers durch einen außergerichtlichen Vergleich gewährte Entschädigung (LG. Berl. I. T. 589/00). Alle diese Bezüge bilden Aequivalente für die Behinderung an weiterer Ausübung der amtlichen Tätigkeit.

c) Der Sterbegehalt ist der für den Sterbemonat dem verstorbenen Reichs- oder Staatsbeamten noch zukommende, von ihm nicht erhobene und zu seinem Nachlasse gehörige Gehaltsteil.

d) Der Gnadengehalt ist der Bezug, welcher der Witwe oder den ehelichen bzw. legitimierten Abkömmlingen des im Dienst befindlich gewesenen, des in einstweiligem Ruhestande verstorbenen Beamten und des Pensionärs für die auf den Sterbemonat folgenden drei Monate unabhängig von deren Erbenqualität gezahlt wird (§§ 7, 31, 69 fg. RBeamt.Ges.), der bisherige, den Hinterbliebenen aktiver Beamten nur einen Gnadenmonat gewährende Rechtszustand [Ges. v. 6. II. 81; KOrd. 27. IV. 16; 15. X. 19] soll durch ein neues Gesetz [dem Herrenhause zugegangen] beseitigt werden, Art. X d. Pr.Ges. v. 27. V. 07). — Die für das Gnadenvierteljahr an Hinterbliebene von Rentenempfängern der Militärpersonen zu zahlende Versorgungsgebührnisse (s. S. 71) sind der Pfändnng nie unterworfen (RG. v. 31. V. 06 § 39; vgl. S. 74).

4. Die vier genannten Bezüge sind aber nur pfändbar

a) wenn sie je 1500 M. für das Jahr übersteigen. Da „für das Jahr“ nicht eine Zeitspanne, sondern nur eine Zeiteinheit bedeutet (S. 91), so werden die nicht für ein ganzes Jahr gewährten Bezüge (3c und d) mangels einer Sonderbestimmung ebenso wie die anderen Bezüge behandelt. Es ist also $1/3$ des 125 M. monatlich übersteigenden Betrages pfändbar, ebenso ist daher die monatlich 250 M. betragende Vergütung eines als Lehrer einer Fachschule nur auf vier Monate angestellten Malermeisters monatlich in Höhe von 44,66 M. angreifbar [aM. LG. I Berl. T. 13/02];

b) nur in Höhe des dritten Teiles des Mehrbetrages, dagegen ohne Rücksicht auf den Betrag des Einkommens in voller Höhe pfändbar, wenn es sich um Steuerforderungen und Alimentenansprüche der Verwandten, des Ehegatten, des geschiedenen Ehegatten und des unehelichen Kindes handelt (eingehend erläutert in § 4 Nr. 2 u. 3, § 4a d. Ges.).

5. Zum Zwecke der Ermittlung des pfändbaren Teiles des Diensteinkommens werden zur Bestreitung des Dienstaufwandes (S. 70) dienende Beträge, ebenso der Servis (ebenda), selbst wenn sie einzeln oder zusammen 1500 M. für das Jahr überschreiten, nicht berücksichtigt. Auszuscheiden aus dem Diensteinkommen sind ferner die Witwenkassen- sowie Witwen- und Waisengeldbeiträge (Verf. v. 20. VI. 83; Müller S. 672 fg.) und Sporteln z. B. der Geistlichen für Akte der Tätigkeit bei Privaten. Nebenverdienste aus außeramtlicher Beschäftigung gehören ebenfalls nicht zum Diensteinkommen z. B. Einnahmen eines Militärtrompeters aus privater Tätigkeit der Regimentskapelle (LG. Berl. I T. 88/104; wegen Pfändung s. Nr. **6**), ebenso wenig Einkünfte aus Privatvermögen. — Unter den „sonstigen Bezügen" der in § 850 ZPO. Abs. 1 Nr. 8 aufgeführten Personen, welche Abs. 2 nennt, sind nur der Sterbe- und Gnadengehalt (Nr. 8 a. a. O.) zu verstehen (s. unter **6**). — Mit

Gehalt und Diensteinkommen eines Universitätsprofessors sind nicht implicite die Kollegiengelder gepfändet (D. J.-Ztg. 01 S. 556). — Gerichtsvollzieher-gebühren sind nach Maßgabe der Verord. d. Just.M. v. 31. III. 00 u. 16. I. 06 pfändbar (vgl. Anhang II. S. 172).

6. Mehrere aus verschiedenen öffentlich rechtlichen Dienstverhältnissen zustehende Bezüge sind zum Zwecke der Pfändung zusammenzurechnen, wenn sie unter die Nr. 7 und 8 a. a. O. fallen, gleichviel ob sie als gleiche oder verschiedene Bezüge derselben oder der beiden Kategorien dem Schuldner zustehen und ob sie aus Haupt- und Nebenbeschäftigung herrühren (m. Auff. i. D. J.-Ztg. v. 1. X. 02; vgl. B. f. Rpfl. 06 Nr. 8/9). Es können daher zusammengezählt werden z. B. die Beträge zweier verschiedener Pensionen (gegen Eisenbahnfiskus und Kgl. Regierung) oder des nicht erhobenen Diensteinkommens und des Sterbegehalts bzw. der Witwenpension. — Dagegen dürfen die Bezüge Nr. 5 und 6 a. a. O. nie zur Ermittelung eines pfändbaren Einkommens herangezogen werden, ebensowenig die auf Grund der RGes. v. 31. V. 01 u. 31. V. 06 gewährten Zulagen (aber S. 71). Wegen Konkurrenz der dienstlichen Bezüge mit solchen aus Privatdienstverhältnissen s. S. 95c.

7. Das auf diese Weise sich ergebende Diensteinkommen wird, soweit es nicht in Geld selbst besteht, nach seinem Geldeswerte geschätzt (s. S. 62) und dem baren Einkommen zugerechnet. Der durch Drei geteilte Saldo bildet das der Pfändung unterworfene Diensteinkommen.

8. In § 850 Nr. 8 ZPO. ist zweifellos nur an die Pfändung des zukünftigen Gehaltsanspruchs gedacht. Trotzdem unterliegt die Pfändung des rückständigen Diensteinkommens auch den daselbst aufgestellten Grundsätzen, wie bezüglich der Pensionen außer Frage steht (Müller I S. 889 und LG. Berl. I. T. 647/03). Nichtausgezahlte Ersparnisse eines Unteroffiziers an Sold fallen als Soldrückstand kraft positiver Bestimmung (Reskript v. 30. VI. 73, Armee-Verw.Bl. 73 S. 177), nicht wegen Beibehaltung ihres rechtlichen Charakters (OLG. X S. 385) unter Nr. 5 Abs. 1 a. a. O.

9. Die Pfändung selbst ist nicht, wie beim Lohne der Arbeiter, von einem bestimmten Tage ab, sondern jederzeit (auch im Wege der Vorpfändung) zulässig und von Einforderung (S. 40) der Bezüge unabhängig. Gleichgültig ist es auch, ob letztere aus Haupt- oder Nebenbeschäftigung fließen (s. S. 31 fg.): es ist unstatthaft, aus dem auf ganz anderen legislativen Gründen beruhenden LBG. Grundsätze zur Auslegung der Regeln über Beamtengehälter herüberzuholen. — Die Pfändung erstreckt sich auch auf nach derselben fällig werdende Beträge (§ 832 ZPO.) wenn ohne Wechsel des Dienstherrn die § 850 Abs. 1 Nr. 7 und 8 ZPO. genannten Personen versetzt, befördert werden, eine Gehaltszulage bekommen oder Pensionen bzw. Unterstützungsgelder (S. 72) erhalten, weil als gepfändeter Gegenstand das Bezugsrecht als ganzes gilt (§ 833 a. a. O., JW. 07 S. 338). Ausbezahlte Gehaltsbeträge sind nach § 811 Nr. 8 ZPO. der Zwangsvollstreckung beschränkt unterworfen.

10. Belanglos für die Anwendung des § 850 Abs. 1 Nr. 8 ist der Rechtsgrund des Anspruchs, um dessen Sicherung oder Befriedigung es sich handelt (unerlaubte Handlung oder Vertrag).

11. Die unter 4—10 aufgestellten Grundsätze gelten auch für die Pension.

Exkurs.

I. Das Recht der Beamten und der ihnen gleichgestellten Personen, über ihre Dienstbezüge, Pensionen usw. zu verfügen.

A. Für die Reichsbeamten und Militärs hat in § 6 des RBeamtGes. u. § 45 RMilitGes. seine Grundlage. Danach — in Verbindung mit §§ 394, 400, 1274 BGB. — kann von seiten der Beamten der Anspruch auf Zahlung von Diensteinkünften, Wartegeldern, Pensionen mit rechtlicher Wirkung nur so weit zediert, verpfändet, sonst übertragen oder zur Aufrechnung einseitig verwendet werden, als er der Beschlagnahme unterliegt: die Möglichkeit der Beschlagnahme bildet gleichzeitig also auch den Maßstab für die Übertragbarkeit der Forderung und die Verfügungsfähigkeit über dieselbe. — Daraus folgt:

I. Jeder Verfügung von seiten der Berechtigten entrückt ist

1. das Diensteinkommen der in § 850 Absatz 1 Nr. 6 ZPO. genannten Personen,

2. der Sold und die Invalidenpension der Unteroffiziere und Soldaten Nr. 5 a. a. O.,

3. ein in Händen dieser Personen befindlicher Geldbetrag, welchen § 811 Nr. 8 ZPO. bezeichnet.

4. das Gnadenvierteljahr (s. S. 70, 72).

II. Verfügbar ist für die in § 850 Abs. 1 Nr. 8 genannten Personen der dritte Teil des 1500 M. für das Jahr übersteigenden Diensteinkommens und ihrer Pension, ja sogar noch weit mehr, wenn diese Ansprüche an Verwandte, Ehegatten usw., für die kraft Gesetzes zu entrichtenden Unterhaltsbeiträge übertragen werden. (§ 4 Nr. 3 d. Ges.) Die Abtretung vollzieht sich nach § 411 BGB.

B. Während es bezüglich der Reichsbeamten und Militärpersonen bei diesen Vorschriften bewendet, macht bezüglich der Landesbeamten Art. 81 d. EinfGes. z. BGB. einen Vorbehalt zugunsten der landesgesetzlichen, die Vorschriften des BGB. ergänzenden Sonderbestimmungen. Wegen dieser Ausf.-Ges. d. Bundesst. vgl. Kuhlenbeck zu Art. 81 a. a. O.

In **Preußen** ist jede Verfügung über das Diensteinkommen und die Pension, also auch über den der Pfändung unterliegenden Teil, nach § 163 Anhang zur Allg. Ger.Ord. und § 26 des pr. Ges. v. 27. III. 72 ohne alle rechtliche Wirkung (RG. 44 S. 190; Müller I S. 630). Ebenso ist eine Aufrechnung entgegen dem § 394 BGB. unstatthaft, da landesgesetzliche, von dieser Bestimmung ausdrücklich abweichende Sondervorschriften über die Zulassung der Aufrechnung nicht ergangen sind, noch früher bestanden haben (RG. 55 S. 1 fg.).

II. Jede **Verfügung der Militärpersonen über ihre Versorgungsgebührnisse** ist auf Grund der Rges. v. 31. V. 01 u. 31. V. 06 (s. S. 71) untersagt.

III. Sowohl im Reiche, wie in Preußen machen die Behörden trotz Ausschlusses der Aufrechnung gegen die unpfändbaren Dienstbezüge der Beamten und der ihnen gleichgestellten Personen von dem **Zurückbehaltungsrechte** an diesen Bezügen wegen Stellvertretungskosten, Kassendefekte usw. Gebrauch. (Erlasse s. Perels Rbeamtg. zu § 6 und 125.)

Nr. 2 des § 4.

Die Lohnbeschlagnahme zum Zwecke der Beitreibung von Steuern und Abgaben.

(Gesetzes-Text S. 64).

I. Ein Vorrecht in bezug auf Beschlagnahme der Arbeitsvergütung ist den direkten persönlichen an den Staat und die Kommunen zu entrichtenden Steuern in gewissem Umfange eingeräumt. Um klarzustellen, daß alle an irgendeinen Kommunalverband zu entrichtenden kommunalen Steuern bevorrechtigt sein sollen, also alle an sie zu zahlenden Abgaben, wurde der Ausdruck Kommunalabgaben gewählt (StenBer. II S. 913). Es sind daher bevorrechtigt „Grund-, Häuser-, Einkommen-, Kapital-, Gewerbe- und Betriebssteuer", ferner „Provinzial-, Kreis- oder Gemeindelasten", „Kirchen-, Schul- und Armenabgaben", die an Deichverbände zu leistenden Beiträge u. a.

Nicht bevorrechtigt sind dagegen, weil sie nicht unter den scharf begrenzten Begriff der direkten persönlichen Steuern fallen, Gerichtskosten aller Art (vgl. Verord. des MJ. u. HM. v. 9. XI. 04) Prüfungstaxen, Schulgelder, Steuerstrafen, Taxen, Gefälle, Geldstrafen aller Art und Aehnliches, deretwegen Beitreibung im Verwaltungsstreitverfahren stattfindet (s. nächste Seite).

Alle genannten Steuern existieren, abgesehen von der Kapitalsteuer, wenn auch vielleicht unter verschiedenen Namen in allen Bundesstaaten des Deutschen Reiches und unterliegen deren Gesetzgebung (Rverf., Art. 4 Nr. 2); diese entscheidet daher die Frage, ob und wieweit Steuernachlässe und -befreiungen bei einzelnen Personen und Einkünften stattfinden (s. aber wegen Staatssteuern der Militärpersonen und Beamten RMGes. v. 2. V. 74 u. RBeamtges. v. 18. V. 07, wegen Kommunalsteuern der Genannten Kommunalabgabges. v. 14. VII. 93 § 41 u. Verord. v. 23. 9. 67) und in welchem Umfange zum Zweck der Beitreibung von Steuern der Arbeits- und Dienstlohn, das Diensteinkommen oder die Pension pfändbar ist. Soweit die Landesgesetze Bestimmungen über die Frage nicht enthalten, hängt die Pfändbarkeit von den Vorschriften des LBG. ab.

Nach § 4 Nr. 2 desselben findet das Pfändungsvorrecht, also die Beschlagnahme, ohne Rücksicht auf das in § 1 festgelegte Grundprinzip aber nur Anwendung auf diejenigen vorgenannten Steuern und Abgaben, welche nicht seit länger als drei Monaten fällig geworden sind. Fällig wird eine Steuer mit dem Zeitpunkte, von dem ihre Beitreibung überhaupt zulässig ist; drei Monate von hier ab gerechnet darf wegen der fälligen Steuer der Lohn und auch das Diensteinkommen ohne Rücksicht auf Höhe, Fälligkeit und sonstige daraus zu erfüllende Verpflichtungen gepfändet werden. Wo, wie in Preußen, die Steuerbeträge in der Mitte des Vierteljahres, also am 14. II., 16. V., 16. VIII., 15 XI. fällig werden (Ausführ.Anweis. v. 5. VIII. 91 Art. 82 Nr. 3 z. Einkst.Ges.), können daher z. B. wegen der für das vierte Quartal fälligen Steuer bis zum 14. II. nächsten Jahres Lohn- und Dienstbezüge des Schuldners unabhängig von § 1 des LBGes. u. 850 ZPO. beschlagnahmt werden. — Die exekutivische Einziehung der seit länger als drei Monaten fälligen Steuern (auch der Nachsteuern § 80 Einkst.Ges. und § 46 Ergänzst.Ges.) hat aber stets unter Berücksichtigung der genannten Bestimmungen stattzufinden, mag das Landesgesetz die Frage besonders geregelt haben oder nicht.

II. In **Preußen** richtet sich die Beschlagnahme des Dienstlohnes und -einkommens wegen Steuern und Abgaben nach § 46 der Königl. Verord. v. 15. November 1899, betr. d. Verwaltungszwangsverfahren wegen Beitreibung v. Geldbeträgen (GS. S. 545).

Danach stellt sich die Regelung der vorliegenden Frage wie folgt:

1. Das Diensteinkommen und die Pension der Zivilbeamten, Geistlichen, Ärzte und Lehrer an öffentlichen Anstalten ist, soweit nicht von Steuerzahlung befreit, wegen „kurrenter" öffentlicher Abgaben schlechthin pfändbar, d. h. wegen der mindestens in dem laufenden Rechnungsjahre ohne Rücksicht auf die einzelnen Hebungsperioden fällig gewordenen einzuziehenden Ab-

gaben (Reskr. d. Fin.M. v. 22. X. 80), aber auch m. E. wegen der aus den vorigen Jahren nicht einziehbaren oder gestundeten Steuern.

2. Das Diensteinkommen und die Pension der Offiziere, Militärärzte, Deckoffiziere und Militärbeamten ist, soweit nicht von Steuerzahlung befreit, auch im Verwaltungszwangsverfahren nur in Höhe eines Drittels des 1500 M. für das Jahr übersteigenden Einkommens zulässig.

3. Das Diensteinkommen der in § 850 Abs. 1 Nr. 5 u. 6 ZPO. genannten Militärpersonen, ist auch zu gedachten Zwecken unpfändbar.

4. Der Arbeits- und Dienstlohn ist auch wegen der Pfändung von Steuern und Abgaben den Bestimmungen des LBG. unterworfen, wie sie S. 79 aufgeführt und erläutert sind.

III. Wegen Konkurrenz bevorrechtigter Steuerforderungen mit anderen nicht bevorrechtigten Forderungen gilt das S. 88 unter V Gesagte.

Nr. 3 des § 4.

Die Lohnbeschlagnahme wegen Beitreibung der den Verwandten, dem Ehegatten und früheren Ehegatten zu entrichtenden Unterhaltsbeiträge.

(Gesetzestext S. 65.)

I. Verhältnis der Bestimmung zu § 850 ZPO.

Nachdem die Novelle zum LBGes. vom 29. März 1897 durch Abänderung bestehender sachlicher Verschiedenheiten für den Bereich des LBGes. und des § 749 Abs. 4 ZPO. einen übereinstimmenden Rechtszustand herbeigeführt hatte, ist dieser durch die neue Fassung der ZPO. wieder aufgehoben worden: dadurch nämlich, daß Abs. 4 des § 850 (früheren § 749) ZPO. auf die Absätze 2 u. 3 nach wie vor verweist, der Absatz 3 früherer Fassung aber in § 850

ZPO. mit Rücksicht auf Änderung der Nr. 4 § 4 unseres Gesetzes ganz fortgefallen ist, bezieht sich der Abs. 4 des § 850 ZPO. nicht mehr auf eine Bestimmung des LBG., und § 4 Nr. 3 dieses Gesetzes bildet jetzt die alleinige materielle Grundlage des den Verwandten usw. gegebenen Rechts auf Pfändung der Dienstvergütung des Unterhaltungspflichtigen; nur wo es sich um Pfändung der in § 850 Abs. 1 Nr. 8 ZPO. aufgeführten Bezüge gegen eine der dort genannten Personen handelt, ist noch der Abs. 4 daselbst maßgebend. — Die Nr. 3 des § 4 LBGes. berührt übrigens selbstverständlich nicht die anderen in § 850 Abs. 1 bezeichneten unpfändbaren Forderungen, ebensowenig die Versorgungsgebührnisse der Militärpersonen nach dem Ges. v. 31. V. 06 (vgl. S. 71 u. 74).

II. Die Bestimmung und das Zivilrecht.

Die Nr. 3 des § 4 des Gesetzes gewährt den sämtlichen Verwandten, dem Ehegatten und früheren Ehegatten ein Vorrecht bezüglich der Lohnbeschlagnahme, soweit sie kraft Gesetzes Ansprüche auf Unterhalt haben, verweist also bezüglich der materiellen Vorbedingungen auf das geltende Zivilrecht, das BGB. Dieses regelt seit dem 1. Januar 1900 ausschließlich die gesetzliche Unterhaltspflicht der Verwandten in allen Beziehungen, selbst dann, wenn die Voraussetzungen der Unterhaltspflicht bereits unter dem alten Rechte entstanden waren (Habicht S. 420, Art. 199 d. EinfGes. z. BGB.). Es besteht daher seit dem 1. Januar 1900 keine gesetzliche Unterhaltspflicht mehr zwischen Geschwistern, zwischen Personen, welche miteinander verschwägert sind (Ehemann und Schwiegermutter OLG. VI S. 421) oder in einem stiefelterlichen Verhältnisse stehen (§ 1601 BGB.). Der Unterhaltsanspruch ist für diese Personen jetzt selbst dann fortgefallen, wenn er bereits früher durch Urteil oder gerichtlichen Vergleich festgestellt, ja auch dann, wenn er durch Vertrag oder Vergleich außerhalb eines Rechtsstreites anerkannt war. — Soweit es sich allerdings um rückständige, nicht eingeklagte Unterhaltsbeiträge dieser Personen für die Zeit vor dem 1. Januar 1900 handelt, gilt auch jetzt noch das alte Recht (Habicht S. 419).

Im übrigen darf hier, wo das Vollstreckungsvorrecht den Gegenstand der Erörterung bildet, von einer Darlegung seiner Vorbedingungen auf materiellrechtlichem Gebiete, also des Unterhaltsanspruches als solchem, füglich abgesehen werden; nur insoweit sind diese Bestimmungen zu streifen, als sie für die Erkenntnis des Inhalts und Umfanges des Vollstreckungsvorrechtes von Wichtigkeit sind.

III. Das Vollstreckungsvorrecht der Verwandten und ihnen gleichgestellten Personen.

(Gesetzestext S. 65.)

Da die Nr. 3 des § 4 des Ges. und Abs. 4 des § 850 ZPO. völlig übereinstimmen, so kann hier das Vorrecht der Unterhaltungsberechtigten in bezug auf Lohn und Gehalt sowie Diensteinkommen usw. nebeneinander erläutert werden.

a) Bevorrechtigte Personen.

Es genießt das Vorrecht nicht die Unterhaltsforderung an sich, sondern nur der unterhaltsberechtigte Verwandte (auch Legitimierter und an Kindesstatt Angenommener), Ehegatte oder früherer Ehegatte (§§ 1578, 1583, 1586, 1345/6, 1350/51 BGB., Busch 13 S. 415) selbst wegen seines Verhältnisses zum Unterhaltspflichtigen. Ausnahmsweise wird die Bevorrechtigung der Forderung kraft Gesetzes aufrecht erhalten beim Übergang 1) auf Verwandte und Ehegatten, welche für den Nächstverpflichteten eingetreten sind (§§ 1607, 1608 BGB., vgl. S. 104) und 2) auf den Armenverband, der den Unterhalt geleistet hat (RGes. v. 12. III. 1894 §§ 60/62, ebenso d. dem Rchstge. vorlieg. Nov).

Andere Personen, welche den Unterhaltsberechtigten verpflegen oder verpflegten, haben auf dieses Vorrecht keinen Anspruch, nur das Recht auf Ersatz des zur Erfüllung der Unterhaltspflicht selbst gegen den Willen des Verpflichteten dem Bedürftigen Geleisteten (§§ 679, 683 Satz 2 BGB.). Hierzu zählen auch diejenigen, welchen die Unterhaltsforderungen zediert sind, (§§ 850 Abs. 1 Nr. 2 ZPO., 400 BGB.).

Dagegen wird das Vorrecht durch Übergang der Forderung auf eine andere, ebenfalls unterhaltspflichtige Person nicht berührt (§§ 1607, 1601 BGB.; Gaupp § 850 IV S. 625).

b) Gegenstand des Vorrechtes.

Das Vorrecht haben die vorbezeichneten Personen bezüglich der Beschlagnahme des Dienstlohnes, des Diensteinkommens, der Pension und des Sterbe- oder Gnadengehaltes, auch der Erziehungsgelder, Studienstipendien, Witwen- und Waisenkassenbezüge des Unterhaltspflichtigen; das Vorrecht erstreckt sich aber nicht auf Beschlagnahme von Sold, Invalidenpension, von Diensteinkommen der Militärpersonen nach der Mobilmachung und von Versorgungsgebührnissen der Kriegsinvaliden, pensionierten Offiziere und Unteroffiziere, sowie Gemeinen des Reichsheeres (s. S. 71, 74 fg.), weil auf diese Bezüge Abs. 4 § 850 ZPO. keine Anwendung findet.

c) Inhalt des Vorrechtes.

Das den Unterhaltsansprüchen eingeräumte Vorrecht besteht darin, daß ihretwegen in die eben genannten Forderungen außerhalb der einschränkenden Vorschriften des § 1 des LBGes. und des Absatzes 2 des § 850 ZPO. vollstreckt werden kann: Der Arbeits- und Dienstlohn kann also, selbst wenn er 1500 M. für das Jahr nicht übersteigt jederzeit ohne Rücksicht auf Dienstleistung, Ablauf des Tages der Lohnzahlung und Einforderung gepfändet werden.

Das Diensteinkommen und die anderen in Nr. 7 und 8 Absatz 1 des § 850 ZPO. genannten Bezüge sind dagegen — auch wenn sie 1500 M. nicht übersteigen — in voller Höhe ganz uneingeschränkt (aus der Entstehungsgeschichte des Abs. 4 a. a. O. abgeleitet bei Busch 12 S. 273) der Pfändung unterworfen.

d) Umfang des Vorrechtes.

Den „Unterhaltsbeiträgen" ist das Vollstreckungsvorrecht eingeräumt, also den zur Bestreitung des Lebensbedarfs des Berechtigten notwendigen Aufwendungen, zu deren Gewährung der Verpflichtete verurteilt ist oder ohne gerichtlichen Zwang z. B. in vollstreckbarer notarieller Urkunde sich anheischig gemacht hat. Geld- eventuell auch Naturalbeiträge z. B. für den Unterhalt eines Altsitzers zur Erfüllung gesetzlicher Unterhaltspflicht gehören hierher (aM. Gaupp § 850 Anm. 40). Bei einer der Erziehung bedürftigen Person zählen hierzu auch die Kosten der Erziehung und Vorbildung zu einem Berufe (der zur Vorbereitung für eine Prüfung erforderliche Dienstaufwand, Seuff. Arch. 58 S. 480); auch die Kosten des auf Gewährung von Unterhalt gerichteten Rechtsstreits werden als solche anzusehen sein (streitig s. Gaupp § 850 Anm. 88, dafür OLG. VI S. 422). — Die Unterhaltsbeiträge behalten vom Verzuge ab ihren bevorrechtigten Charakter; der Satz „in praeteritum non vivitur" ist dem BGB. fremd (§ 1613, Gaupp ebenda Anm. 44). — Nicht als Unterhaltsbeiträge anzusehen sind die Zinsen rückständiger Beiträge (Bl. f. Rpfl. 1898 S. 68), ebensowenig der Prozeßkostenvorschuß des Ehemannes für die Ehefrau (JW. 00 S. 339), der Aussteuer- und Ausstattungsanspruch (RG. 66 S. 234) oder der Anspruch des Unterhaltsberechtigten gegen denjenigen, welcher dem Unterhaltspflichtigen durch dessen Tötung oder Verletzung die Erfüllung der Unterhaltsgewährung unmöglich machte (§§ 843, 844 BGB., §§ 3, 3a RhaftpflGes. v. 18. VIII. 96), wenngleich diese Forderungen die wirtschaftlichen Funktionen von Unterhaltsansprüchen haben (Pick S. 114fg.).

Das den Unterhaltsbeiträgen eingeräumte Vollstreckungsvorrecht ist aber nach zwei Richtungen hin beschränkt:

1. Sachlich ist es nur den „kraft Gesetzes“ zu entrichtenden Beiträgen zugesprochen, also denjenigen, welche ihren unmittelbaren Rechtsgrund im Gesetze haben, in einem zustandsrechtlichen Verhältnisse der Verwandtschaft oder Ehe einerseits und dem Vermögen des Verpflichteten sowie dem Bedürfnisse des Berechtigten andererseits (OLG. VII S. 317). Daraus folgt

α) Ein übermäßige Leistungen zusichernder Vertragsanspruch eines an sich Unterhaltsberechtigten genießt nur in der das gesetzliche Maß nicht übersteigenden Höhe das Pfändungsvorrecht. Es besteht dabei aber die Vermutung, daß ein Unterhaltspflichtiger die über das Maß der gewöhnlichen Bedürfnisse hinausgehenden Beträge gewährt, um seiner gesetzlichen Pflicht zu genügen. (LG. Berl. I. T. 103/08.)

β) Ein von jeder gesetzlichen Verpflichtung losgelöster, lediglich auf Vertrag und letztwilliger Verfügung beruhender Unterhaltsbeitrag genießt nicht das Vorrecht.

γ) Ein gesetzlicher Unterhaltsanspruch verliert dadurch nicht seinen bevorrechtigten Charakter, daß er durch Vertrag oder Vergleich außergerichtlich oder gerichtlich festgesetzt oder anerkannt wird (vgl. Drucks. d. Reichst. 4. Sess. 1895—97 S. 4546), gleichviel, ob die Zahlung einmaliger Abfindung oder fortlaufender Beträge festgesetzt wird (aM. Bay. Rpfl. Z. 05 S. 79). Der die Lohnbeschlagnahme betreibende Unterhaltsberechtigte, z. B. der Altsitzer, welcher das Pfändungsvorrecht für sich in Anspruch nimmt, hat daher zu behaupten ev. zu beweisen, daß die Unterhaltsgewährung „kraft Gesetzes" verlangt wird. — Ein Vergleich über künftigen Unterhalt zwischen Ehegatten oder unterhaltspflichtigen Verwandten ist nichtig, insoweit er einen völligen oder teilweisen Verzicht auf den gesetzlichen Unterhalt in sich schließt (§ 1360 [3] BGB., RG. 50 S. 96).

2. Auch eine zeitliche Schranke ist dem Pfändungsvorrechte gesetzt, wie sie sich schon in § 749 Abs. 4 ZPO. (alter Fassung) fand und nach der Begründung der Novelle v. 29. März 1897 in die Nr. 3 § 4 d. Ges. im Interesse der Gleichmäßigkeit beider Vorschriften aufgenommen worden ist. Nur „für die Zeit nach Erhebung der Klage und für das diesem Zeitpunkte vorausgehende letzte Vierteljahr" besteht das Vollstreckungsvorrecht wegen der Unterhaltsbeiträge, wenn solche auch für die Vergangenheit, vom Augenblicke des Verzuges oder der Rechtshängigkeit an, gefordert werden können (§§ 1613, 1360, 1580, 1351 BGB.). — Die Motive zu § 749 a. a. O. (§ 696 d. Entw. d. ZPO. S. 436) erklären bei der Lohnpfändung im öffentlichen Interesse die Nichtgefährdung des notwendigen Unterhalts des Schuldners und seiner Familie als „maßgebende Rücksicht, gegen welche Umstände, die in dem Grunde der beizutreibenden Forderung (Alimentationspflicht, unerlaubte Handlung) liegen, zurücktreten müssen" und gestatten hiervon nur **eine** Ausnahme zugunsten der „laufenden Alimente" der Ehefrau und der ehelichen Kinder. In diesem Sinne ist die eingangs erwähnte Zeitbestimmung zu verstehen; demnach sind Unterhaltsbeiträge, selbst wenn sie als rückständige nach der Ausdrucksweise des Verkehrs angesehen werden, doch laufende im Sinne dieses Gesetzes, wofern sie aus der Zeit nach der Klageerhebung und dem vorhergehenden letzten Vierteljahre herrühren, z. B. Unterhaltsbeiträge seit dem Jahre 1905 auf Grund eines Urteils vom Jahre 1900. Dagegen sind Unterhaltsbei-

träge aus dem Jahre 1905 laufende nicht zu nennen, wenn die Klage ihretwegen mehr als drei Monate später erhoben ist. Letzterenfalls unterliegt die Beschlagnahme den einschränkenden Bestimmungen des § 1 d. Ges. bezw. des § 850 Abs. 2 ZPO.

Gegen Ausdehnung des Vollstreckungsvorrechts auf die seit gar zu langer, wenn auch nach Klageerhebung liegender Zeit geschuldeten Unterhaltsbeiträge schützt die vierjährige Verjährungsfrist (§ 218 Abs. 2 BGB.).

Der Klageerhebung, d. h. Klagezustellung (§ 252 ZPO.) steht die Zustellung eines Zahlungsbefehls (§ 693 ZPO.), und der Zeitpunkt des Antrages auf einstweilige Verfügung (§§ 935, 936 a. a. O.; Bl. f. Rpfl. 5 S. 47) oder der Ausstellung einer vollstreckbaren Urkunde (OLG. VII S. 316) gleich.

e) Die Verwirklichung des Vorrechtes geschieht durch Forderungspfändung.

Da die gesamten Einkünfte des Unterhaltspflichtigen, ja sogar sein Vermögen und seine Erwerbsfähigkeit stets als ein Ganzes bei Bemessung seiner Leistungen im Schuldtitel in Betracht gezogen worden sind (Ggsß. § 4a S. 103), so kann sich der Unterhaltsberechtigte wegen seiner ganzen Forderung an ein ihm beliebendes Vermögensobjekt des Pflichtigen, also auch an den Dienstlohn, das Diensteinkommen usw. ganz halten und darf nicht vom Verpflichteten auf andere Vermögensbestandteile oder Einkünfte verwiesen werden. Wohl aber kann der letztere bei wesentlicher Aenderung seiner Verhältnisse entsprechenden Nachlaß seiner Leistungen verlangen (§ 323 ZPO.).

IV. Das Verhältnis der Bevorrechtigten zueinander

bestimmt § 1609 BGB. ohne Rücksicht darauf, wer von ihnen die Bezüge des Unterhaltspflichtigen zuerst beschlagnahmt hat: Der durch die frühere Pfändung eines im Range Nachstehenden Benachteiligte kann auf Grund der §§ 766 oder 853, 872 fg. ZPO. eine dem Gesetze entsprechende Verteilung der gepfändeten Beträge außerhalb der Reihenfolge der Pfändungen erzwingen. — Ein Bevorrechtigter, der nicht selbst gepfändet hat, kann (in der eben angeführten Weise) erst dann einen anderen bevorrechtigten Pfandgläubiger aus dem Felde schlagen, wenn er auch seinerseits eine Pfändung der gepfändeten Beträge herbeigeführt hat. Ohnedem hat er nur einen Anspruch gegen den Unterhaltspflichtigen aus dessen Einkünften, aber kein direktes Recht an dem Lohne oder Diensteinkommen usw. und auf diese Bezüge (Keidel S. 234). Letzteres erlangt er schnellstens durch arrestweise Pfändung des Befriedigungsanspruches des Erstpfändenden oder durch Klageanstellung verbunden mit arrestweiser Pfändung der nämlichen Gehaltsrate. Alsdann kann er auch vom Drittschuldner, abgesehen von der Einwendung aus § 766, gemäß § 853 Hinterlegung des Schuldbetrages verlangen und in dem nun eintretenden Verteilungsverfahren seinen Widerspruch gegen den Teilungsplan durch Widerspruchsklage (§§ 878, 879) geltend machen. — Der unterhaltspflichtige Schuldner kann dagegen ohne weiteres die Einwendungen aus § 766 ZPO. wie für sich, so auch für einen benachteiligten Verwandten erheben, selbst wenn dieser nicht geklagt hat.

V. Das Verhältnis der bevorrechtigten zu nicht bevorrechtigten Gläubigern

wird mangels einer gesetzlichen Sondervorschrift durch die Reihenfolge ihrer Pfändungen bestimmt (§ 804 Abs. 3 ZPO.). Hat der Nichtbevorrechtigte zuerst gepfändet, so muß sich der Bevorrechtigte mit dem Überreste der Lohnbezüge begnügen, selbst wenn er wegen der ihm zukommenden Unterhaltsbeiträge nicht mehr voll befriedigt wird. Dagegen hat im umgekehrten Falle die nachfolgende Pfändung des Nichtbevorrechtigten nur dann Erfolg, wenn durch die Beschlagnahme des Bevorrechtigten der über den unpfändbaren Teil hinausgehende Betrag der Bezüge nicht erschöpft wird. Es darf also ersterer den letzteren nicht auf den für ihn unpfändbaren Teil der Bezüge verweisen bzw. dessen Forderung auf diesen Überrest anrechnen. Denn von jeder Pfändung wird zunächst der allgemein pfändbare Teil der beschlagnahmten Forderung ergriffen. Anderenfalls würde das Vorrecht der Verwandten den Nichtbevorrechtigten indirekt zu gute kommen (Busch Bd. 17 S. 166). Die entgegengesetzte Entscheidung in Annalen des Sächs. OLG. Bd. 26 S. 176, welche die Unterhaltsberechtigten in jedem Falle zunächst auf die Einkünfte bis zu 1500 M. verweist, verkennt die Tragweite der Nr. 4 des § 4 d. Ges. Die 1500 M. stellen eine Kompetenz für den Schuldner in seiner Person dar, nicht auch für die Unterhaltsberechtigten (siehe Entstehungsgeschichte der Kompetenz St.Ber. III S. 75, 589 u. S. 92/93 h. l.). Diese sind nicht an die einschränkenden Vorschriften des LBG. gebunden; nur das besagt die Nr. 3 des § 4 d. Ges. Die Nr. 4 ist für ihre Forderungen belanglos. Daher stehen sie wie jeder Pfandgläubiger dem Schuldner als Dritte gegenüber, nur mit dem Unterschiede, daß sie sich an den ganzen Lohn, also neben dem für alle pfändbaren Gehaltsteile auch an die 1500 M. halten können; sie haben sich daher nicht auf diesen Betrag als einen für sie reservierten Gehaltsteil anweisen zu lassen. Das beweist betreffs der Bezüge in Nr. 7 u. 8 des § 850 Abs. 1 ZPO. der Abs. 4 a. a. O., welcher die in Abs. 2 allgemein getroffene Pfändungsbeschränkung für die Unterhaltsberechtigten aufhebt und die Beschlagnahme der Bezüge „ohne Rücksicht auf den Betrag" zuläßt. —

Dasselbe gilt für Pfändung im Bereiche des LBG., da für beide ein gleicher Rechtszustand herbeigeführt werden sollte (s. S. 80 fg.).

Nr. 4 des § 4.

Die Beschlagnahme des 1500 M. für das Jahr übersteigenden Arbeits- oder Dienstlohnes.

(Gesetzes-Text S. 65.)

I. Einleitung.

Unter Nr. 4 gestattet der § 4 des LBG. endlich noch eine schwerwiegende, materiellrechtliche Ausnahme von den Grundsätzen seines § 1, indem schlechthin eine Pfändung der 1500 M. für das Jahr übersteigenden Vergütung für zulässig erklärt wird. Diese Bestimmung stellt eine durch Art. 3 des EinfGes. zum Ges. betr. Aenderungen der ZPO. vom 17. Mai 1898 eingeführte wesentliche Erweiterung der früheren Nr. 4 dar.

II. Erläuterung der Vorschrift.

A. Im allgemeinen.

Aus dem Gegensatze zur früheren Fassung der Nr. 4, der Begründung der Novelle und der Bezugnahme auf §§ 1 und 3 des Gesetzes sowie deren Entstehungsgeschichte wird das richtige Verständnis für den Sinn und die Auslegung der Vorschrift gewonnen.

1. Die „öffentlichen Beamten“ der Nr. 1 des § 4 des Gesetzes standen im Gegensatz zu den früher in Nr. 4 des Paragraphen genannten, im Privatdienste angestellten Personen; dieser Gegensatz muß als fortbestehend erachtet werden, wenn auch der Wortlaut geändert ist: Auf alle Personen, für deren Dienstbezugsbeschlagnahme § 850 ZPO. Bestimmung trifft, findet die Nr. 4 demnach keine Anwendung.

2. Die Beschränkung auf die „im Privatdienst Angestellten" ist fortgefallen; also auch in staatlichen oder städtischen Betrieben angestellte Personen, welche nicht Beamteneigenschaft besitzen (s. S. 68), werden von dieser Vorschrift betroffen, z. B. Schlosser in einer staatlichen Gewehrfabrik.

3. Die Beschränkung auf die „dauernde Anstellung", wie sie die Nr. 4 in Abs. 2 früher definierte, ist fortgefallen (s. S. 19). Es ist danach die Pfändung über 1500 M. jährlich auch bei Angestellten zugelassen, welche auf weniger als ein Jahr angenommen sind, oder deren Kündigungsfrist — vertraglich oder gesetzlich — weniger als 3 Monate beträgt (§§ 621 fg. BGB.; 66 HGB.; 122, 133a Gew.Ord.; 112, 113 Ges.Ord. (Die Worte der neuen Vorschrift „für das Jahr" stehen in keinem Gegensatze hierzu, bedeuten auch keine neue Schranke für die Anwendbarkeit der Bestimmung [vgl. Nr. 4]).

Aufrecht erhalten ist aber das Erfordernis eines Arbeits- und Dienstverhältnisses (s. S. 25 fg.), welches die Erwerbstätigkeit der Vergütungsberechtigten vollständig oder hauptsächlich in Anspruch nimmt. Diese Absicht ergibt die Stellung der Bestimmung im LBG. und die Verweisung auf §§ 1, 3 des Gesetzes selbst. In solchem Verhältnisse stehen aber alle Klassen von Arbeitern und Bediensteten: Arbeiter, Gesinde, Werkführer, Bureaubeamte, Privatsekretäre, Handlungsgehilfen, Prokuristen, Lehrer, Erzieher, Redakteure, Gutsverwalter, Forstbeamte, Syndici, Hausdamen, Direktoren größerer Erwerbsgesellschaften, Ingenieure usw. — Für Gehaltspfändung der diesem Gesetze nicht unterstehenden Personen gilt das S. 44 Gesagte.

4. Da die Vertragsdauer, wie gezeigt (Nr. 3), für die Pfändbarkeit der Vergütung nicht mehr bestimmend ist, so drücken die Worte „für das Jahr" keine Zeitdauer der Beschäftigung, überhaupt keine Zeitspanne, nur

eine Zeiteinheit aus, das Zeitmaß, nach welchem Einkünfte in der Regel berechnet werden. Darauf deutet auch die Änderung des „jährlich" der früheren Fassung in das jetzige „für das Jahr". — Das Jahr ist also weder das Kalenderjahr, noch das Vertragsjahr, sondern die Zeiteinheit eines Jahres vom Tage der Zustellung des Pfändungsbeschlusses an gerechnet.

Daraus folgt: Zuzulassen ist die Lohnbeschlagnahme auch für kürzere und kürzeste Zeiteinheiten, für Wochen und Tage (s. S. 28), unabhängig davon, ob der Schuldner bestimmt oder voraussichtlich das ganze Jahr hindurch oder bestimmt nur geringere Zeit über (s. S. 28 u. 118 Nr. 5) seiner berufsmäßigen Beschäftigung, wenn auch in mehreren aufeinander folgenden Dienstverhältnissen obliegt (ebenso S. 75 bei Beamten). Ein Wechsel in der Person des Dienstberechtigten hat in der Regel nicht als Veränderung der Einkommensquelle zu gelten (D. J.Ztg. 05 S. 272).

Unmaßgeblich ist, ob Schuldner die ganze Zeit hindurch in gleicher Höhe Einkünfte bezieht (s. Anhang I S. 118), wofern er nur „für das Jahr" eine 1500 M. übersteigende Vergütung erhält (s. Nr. 5 am Ende).

5. Für alle dem LBG. unterstehenden Personen bildet 1500 M. jährliche Einnahme das Mindestmaß, welches dem Schuldner zu seinem Unterhalt zu belassen ist, daher die Grenze, bis zu welcher die Vergütung nach § 1 gegen Beschlagnahme Nichtbevorrechtigter (Ggst. § 4 Nr. 2 u. 3 und § 4a des Ges.; wegen Konkurrenz mit Bevorrechtigten s. S. 88) unbedingt geschützt sein und über welche hinaus ein Schutz überhaupt nicht stattfinden soll.

Die Kompetenz von 1500 M. ist eine fest begrenzte (Sten.Ber. III. S. 588 und Begründung der Novelle v. 17. V. 98):

a) Sie ist daher für Schuldner verschiedenster Lebensstellung und wirtschaftlicher Leistungsfähigkeit ohne Rücksicht auf die Bedürfnisse des Einzelnen, Größe der Familie und Unterhaltspflichten, einheitlich festgesetzt.

b) Sie läßt „alle Ausnahmezustände allgemeiner Art, z. B. Teuerung und ähnliche Kalamitäten oder Krankheit und sonstiges individuelles Mißgeschick, unbeachtet" (Sten. Ber. III. S. 75.)

Der den Betrag von 1500 M. für das Jahr (oder 750 M. halbjährlich, 375 M. vierteljährlich usw., 28,85 M. — nicht 31,50 M. — wöchentlich) übersteigende Teil der Vergütung ist von jedem Gläubiger, wegen jeder Forderung und zu jeder Zeit, also auch vor Fälligkeit und Einforderung, ja sogar vor Leistung der Arbeit selbst dann pfändbar, wenn Schuldner dadurch außer stand gesetzt wird, seine vertraglichen Verpflichtungen zu erfüllen (LG. Berlin T. 1900/01). Insoweit ist auch die Vorpfändung der Vergütung gestattet (vgl. dagegen S. 39). — Eine über 1500 M. für das Jahr nicht hinausgehende Vergütung ist unpfändbar, selbst wenn bei schwankenden Einnahmen der Teilbetrag einer oder mehrerer Lohnperioden den gesetzlichen Mindestbetrag übersteigt. Über die dem Schuldner in diesem Falle zustehenden Rechtsbehelfe s. Anhang I. S. 123. — Rückständige Lohnforderungen sind unabhängig von § 1 in jeder Höhe pfändbar (S. 37 fg.; LG. I. Berl. T. 59/04). — Schon bei Beginn der Zwangsvollstreckung (d. h. bei Erlaß des Pfändungsbeschlusses [RG. 25 S. 370, aM. OLG. 15 S. 285] muß der Gehalt 1500 M. übersteigen; eine infolge tatsächlichen Minderbetrages der Bezüge von Anfang an unwirksame Beschlagnahme wird nicht durch eine spätere, wenn auch noch vor Zustellung des Beschlusses eintretende Gehaltserhöhung rechtswirksam: § 833 ZPO. hat die Rechtsbeständigkeit der Pfändung zur Voraussetzung.

B. Im einzelnen.

1. Der Begriff der Vergütung ist der in §§ 1 u. 3 dargelegte; dies ergibt seine Bezugnahme in Nr. 4.

Dienstaufwand (S. 70 fg.) ist von der Vergütung behufs Ermittelung des pfändbaren Teiles nicht in Abzug zu bringen, ebensowenig sind es Aufwendungen für Krankheiten (LG. Berl. I. T. 485/07), Beiträge f. Alters-, Unfall-, Kranken-, Pensionsversicherung u. a. Dagegen dürfte eine angemessene Summe von der Vergütung als Ersatz für Auslagen gemäß § 2 zu kürzen sein, wenn der Arbeiter für Beschaffung und Erhaltung seines Arbeitsgerätes selbst zu sorgen hat (LG. Dortmund Beschl. v. 26. III. 06).

2. Der Gesamtbetrag der Vergütung ist die Summe aller Bezüge, welche dem Angestellten aus dem Arbeits- oder Dienstverhältnisse zukommen (s. S. 62); um ihn zu finden, müssen sämtliche Teile und Arten der Vergütung ermittelt und festgestellt werden (s. ebenda).

Arbeitsverdienst von Ehefrau und Kindern des Arbeitenden bleiben hierbei unberücksichtigt, weil sie nicht verpflichtet sind, denselben zur Befriedigung der Gläubiger des Mannes oder Vaters mit zur Verfügung zu stellen (§§ 1389, 1365, 1651 BGB.). Wenn daher der Schuldner in eigener Person nicht 1500 M. für das Jahr verdient, die Ehefrau aber das an dieser Summe Fehlende und darüber hinaus noch einen Betrag hinzuerwirbt, so kann der Gläubiger des Mannes nichts von dem Arbeitsverdienste beider angreifen.

Ein Gesamtschuldverhältnis des Arbeitenden und eines fremden Dritten berechtigt den Gläubiger, die Bezüge jedes von beiden insoweit sie 1500 M. für das Jahr übersteigen, zu beschlagnahmen (§ 421 BGB.). Daß aber ein Gesamtschuldverhältnis zweier Eheleute dazu führen soll, die Pfändung der Bezüge beider, soweit sie zusammen 1500 M. für das Jahr übersteigen, zuzulassen, so daß also beiden insgesamt nur diese Summe verbleibt, erscheint höchst bedenklich. Der dahingehende Beschluß des LG. Berl. I. T. 1408/05 hält 1500 M. für den Unterhalt der Familie nach der Absicht des Gesetzes als ausreichend, da anderenfalls 3000 M. pfandfrei bleiben würden. Die Ansicht des Gerichts findet im Gesetz keine Stütze; in diesem ist nur für die einzelne, im Privatdienst angestellte Person, ohne Rücksicht auf ihre Bedürfnisse, im besonderen Falle die fest begrenzte Kompetenz gewährt worden (s. S. 93 oben). Abgesehen davon ist es nicht einzusehen, warum die Eheleute als Gesamtschuldner schlechter gestellt sein sollen, als zwei gesamtschuldnerisch haftende fremde Personen (s. oben), und schlechter, als wenn sie einzeln verschiedenen Gläubigern mit ihrem Arbeitsverdienst verpflichtet wären.

Wenn mehrere Bezüge aus verschiedenen Dienstverhältnissen sich in der Hand des Arbeitenden vereinigen, so gelten folgende Regeln (vgl. wegen Begründung m. Aufsatz i. D. J.-Z. 02 S. 449, 505):

a) Von den Bezügen aus privaten Dienstverhältnissen ist der aus der Nebenbeschäftigung herrührende stets, der aus der Hauptbeschäftigung fließende nur in Höhe des 1500 M. für das Jahr übersteigenden Betrages unbeschränkt pfändbar; zwei, die Arbeitszeit gleich stark in Anspruch nehmende Bezüge dürften zusammenzurechnen und der 1500 M. übersteigende Bezug pfändbar sein, wobei sich Gläubiger an einen ihm beliebenden Bezug halten kann (Busch 30 S. 550fg.).

b) Mehrere Bezüge aus verschiedenen öffentlich-rechtlichen Dienstverhältnissen sind zum Zwecke der Pfändung zusammenzurechnen (LG. I. Berl. T. 434/04), sofern sie zu den unter Nr. 7 u. 8 Abs. 1 § 850 ZPO. aufgeführten gehören. Eine Zusammenrechnung anderer in einer oder mehreren Kategorien a. a. O. genannten Bezüge ist zum Zwecke der Ermöglichung eines pfändbaren Teiles eines Gesamteinkommens unzulässig (Bl. f. Rpfl. 06 S. 76, OLG. 14 S. 183).

c) Mehrere, teils aus öffentlichrechtlichem teils aus privatem Dienstverhältnisse für Hauptbeschäftigung fließende Bezüge sind nur soweit pfändbar, als jeder einzelne für sich betrachtet der Beschlagnahme unterliegt (aM. aber unrichtig [s. unter b] LG. Berl. T. 220/07); Einkünfte aus nebensächlicher Beschäftigung im privaten Verhältnisse sind stets pfändbar (s. Anhang S. 117; 32).

Wegen Art der Pfändung in den Fällen, wo kein Anhalt für die Höhe der Bezüge im einzelnen Dienstverhältnis vorhanden ist (s. S. 117).

3. Da die Pfändung einer Gehaltsforderung oder einer ähnlichen in fortlaufenden Bezügen bestehenden Forderung das Bezugsrecht als Ganzes erfaßt, so erstreckt es sich auch auf erhöhte Bezüge (§ 832 ZPO.; JW. 07 S. 338).

4. Alle Einkünfte des Schuldners aus Privatvermögen oder besonderen Vermögensmassen (§§ 859 fg. ZPO.) bleiben bei Ermittelung des Gesamtbetrages der Vergütung unberücksichtigt (vgl. Bl. Rpfl. 07 S. 17).

5. Was für die Pfändung der Vergütung gilt (s. S. 90 fg.), gilt auch für die Verfügung der Angestellten darüber durch Zession, Anweisung, Verpfändung, Aufrechnung oder andere Rechtsgeschäfte (s. S. 46).

6. Vorschüsse oder Vorausbezahlungen (s. S. 49) sind stets auf den unpfändbaren Teil der Lohnforderung anzurechnen: Ihre Anrechnung auf den pfändbaren Teil derselben beließe dem Schuldner zum Nachteile der Gläubiger und im Widerspruche mit der Absicht des Gesetzes mehr als die gewährleisteten 1500 Mk. für das Jahr. — Die Abrede der Anrechnung des Vorschusses auf den pfändbaren Betrag im ganzen oder auch nur zum Teile widerspricht ebenfalls dem vorangestellten Grundsatze und ist daher rechtsunwirksam.

Die Verrechnung des Vorschusses geschieht bei der Lohnpfändung dem vorangestellten Grundsatze entsprechend:

a) Ist der Vorschuß geringer als der unpfändbare Gehaltsteil einer Lohnperiode (S. 30), so wird er auf diesen verrechnet, während der Restbetrag dieses Teils dem

Schuldner verbleibt und der pfändbare Gehaltsteil dem Pfändungspfandgläubiger auszuzahlen ist. — b) Ist der Vorschuß dagegen größer als der unpfändbare Gehaltsteil einer Lohnperiode, so wird der nach dieser Periode zunächst zur Auszahlung kommende Bezug eventuell bis zu voller Höhe auf den Vorschuß verrechnet; nach seiner Deckung wird dann dem Pfändungsgläubiger von dem demnächst zur Hebung gelangenden Gehaltsbezuge außer dem pfändbaren Teile auch der an sich unpfändbare Teil in einem Betrage ausgeantwortet werden müssen, welcher dem pfändbaren aber infolge der Vorschußzahlung nicht zur Auszahlung gekommenen Gehaltsteile der vorhergehenden Lohnperiode entspricht: Ohne die Vorschußleistung hätte er eben auf diesen Betrag kraft seines Pfandrechts einen Anspruch gehabt; sie darf aber seine Rechte nicht schmälern und die Lage des Schuldners nicht verbessern. Im September z. B. ist dem Angestellten die ganze Vergütung von 200 M. für Oktober als Vorschuß gezahlt, als der Gehalt wegen 400 M. gepfändet wird. Dann sind im November dem Pfändungsgläubiger außer den ihm nach § 4 Nr. 4 des BGB. gebührenden 75 M. noch weitere 75 M. von den an sich unpfändbaren 125 M. zu gewähren. Auf diese Weise erhält für Oktober und November zusammen Schuldner 200 M. (Vorschuß) und 50 M. (Gehalt) = 250 M., d. h. die gesetzlich ihm freigelassene Quote seiner Bezüge, Gläubiger aber 2 × 75 = 150 M.; für die nächsten Monate sind dagegen nur die pfändbaren je 75 M. bis zur Tilgung der Forderung des Gläubigers dem Schuldner vom Gehalte zu kürzen. c) Ist der Vorschuß größer, als der ganze Gehaltsteil einer Lohnperiode, so wird nach demselben Prinzipe verfahren: beträgt in dem gewählten Beispiele der Vorschuß nicht 200, sondern 300 M., so behält Schuldner von den für November an sich ihm noch zukommenden 100 M. nichts, und an den Gläubiger werden sie ganz abgeführt, weil er als pfändbaren Teil zweier Monatsraten 150 M. zu verlangen hat, ja er hat noch 50 M. zu gute; diese erhält er im Dezember neben dem pfändbaren Teile dieses Monats, so daß er 75 + 50 M. = 125 M. bezieht, während dem Schuldner für Dezember 75 M. verbleiben. Auf diese Weise behält für Oktober bis Dezember Schuldner 3 × 125 M. = 375 M., also die nach dem Gesetze für die fragliche Zeit ihm gewährleistete Summe.

7. Von Strafgeldern (S. 51) und dem auf die Lohnforderung anzurechnenden Geldeswerte von Leistungen des Arbeitgebers (S. 48) gilt dasselbe, was von den Vorschußzahlungen unter Nr. 6 gesagt ist.

8. Eine Pflicht des Drittschuldners zur Übersendung der gepfändeten Beträge an den Gläubiger besteht nicht; die beschlagnahmte Forderung bleibt Lohnforderuug und als solche Holschuld.

9. Wegen der Sicherung des pfandfreien Betrages bei Lohnausfällen s. Anhang I S. 118, 123.

Exkurs.

Vereinbarungen zwischen Arbeitgeber und -nehmer behufs Vereitelung der Pfändung

werden häufig geschlossen. Ob sie gegen das Gesetz verstoßen, ist nur von Fall zu Fall zu entscheiden. Im allgemeinen ist aber für die Beurteilung dieser Verträge von folgenden Erwägungen auszugehen, welche die Rechtsprechung (Urt. d. RG. 4 U 268/05 [nicht gedruckt] und OLG. Hamburg in Hanseat. Ger.-Z. 06 S. 284) zutreffend als maßgebende erachtet: Jedermann ist freier Herr seiner Arbeit, kann dieselbe daher verdingen, an wen und wofür er will, insbesondere auch in einem bestehenden Dienstverhältnisse eine Herabsetzung des bedungenen Lohnes vereinbaren. Es kann daher eine Aenderung der Anstellungsbedingungen nach Lohnbeschlagnahme zum Nachteile des Pfandgläubigers nicht als Verstoß gegen die guten Sitten gelten (§ 826 BGB.). Auch wenn der Arbeitende auf Grund der Pfändung seine Stellung ganz aufgibt, so verletzt solche Handlungsweise nicht die allgemeinen Anschauungen über Moral und Sittlichkeit. Im Interesse des Gläubigers hat er nicht nötig, eine Stellung zu behalten oder zu dem Preise wie früher weiterzuarbeiten. Auch der Arbeitgeber hat nicht durchaus bei Verhandlung über eine vom Arbeitenden vorgeschlagene Aenderung der Anstellungsbedingungen auf die Interessen eines Pfändungsgläubigers Rücksicht zu nehmen: erläßt der Angestellte ihm die Zahlung des 1500 M. für das Jahr übersteigenden Gehalts, oder macht er die Fortsetzung der Dienste von einer Vorausbezahlung des Gehalts abhängig, oder wird ähnliches vereinbart, so ist eine hierdurch bewirkte Schädigung des Pfändungsgläubigers keine widerrechtliche, nach §§ 823, 826 BGB. zum Schadenersatz verpflichtende. — Daß diese Grundsätze auch für den Fall gelten sollen, wenn die Lohnbeschlagnahme bereits erfolgt ist und nun die angeführten Verabredungen getroffen werden, scheint auf den ersten Blick dem Rechtsgefühl zu widersprechen. Tatsächlich kann die Handlungsweise des Arbeitgebers aber nicht schlechthin als gegen die guten Sitten verstoßend erachtet werden. Denn ihm kann die Beibehaltung des Angestellten im Geschäftsinteresse oft so wünschenswert sein, daß er sich seinen Vorschlägen fügen muß. Natürlich kann er im besonderen Falle in Kollusion mit dem Schuldner auch ausschließlich es auf Schädigung des Pfändenden abgesehen haben, und dann ist er gemäß § 826 BGB. haftbar.

Häufig werden diese Arten von Verträgen als Scheingeschäfte nichtig sein. — Bemerkt sei hierbei: Ein Abtretungsverbot der Lohnforderung begründet nicht schlechthin deren Unpfändbarkeit (§ 851 ZPO. u. m. Aufs. J.-Z. 08 S. 25), ebensowenig eine Aenderung der Kündigungs- (S. 28) und Zahlungsbedingungen (S. 28).

§ 4a.

Auf die Beitreibung der zugunsten eines unehelichen Kindes von dem Vater für den in § 4 Nr. 3 bezeichneten Zeitraum kraft Gesetzes zu entrichtenden Unterhaltsbeiträge findet dieses Gesetz nur insoweit Anwendung, als der Schuldner zur Bestreitung seines notdürftigen Unterhalts und zur Erfüllung der ihm seinen Verwandten, seiner Ehefrau oder seiner früheren Ehefrau gegenüber gesetzlich obliegenden Unterhaltspflicht der Vergütung (§§ 1, 3) bedarf. Hierbei werden ausschließlich die Leistungen berücksichtigt, welche vermöge einer solchen Unterhaltspflicht für den nämlichen Zeitraum oder, falls die Klage zugunsten des unehelichen Kindes nach der Klage eines Unterhaltsberechtigten erhoben ist, für die Zeit von dem Beginne des der Klage dieses Berechtigten vorausgehenden letzten Vierteljahrs ab zu entrichten sind.

A. Einleitung.

Der Paragraph ist durch die Novelle vom 29. März 1897 eingeschoben worden; er trägt dem Bedürfnisse nach einer Sicherstellung der Unterhaltsansprüche unehelicher Kinder Rechnung, indem er die in § 4 Nr. 3 des Gesetzes den Verwandten usw. zuerkannten Vergünstigungen für Beschlagnahme des Dienstlohnes des Unterhaltspflichtigen auf die Unterhaltsansprüche unehelicher Kinder gegen ihren Erzeuger ausdehnt, diesen Personen ebenfalls ein Vollstreckungsvorrecht gewährt.

Für „Verwandte, Ehefrau und frühere Ehefrau" wird bei Erläuterung von § 4a kurzweg nur „Verwandte" gesagt werden.

B. Die Erläuterung der Vorschrift.

I. Auslegung des Wortlautes.

Die Vorschrift des § 4a ist in der Wortfassung durchaus derjenigen des § 4 Nr. 3 nachgebildet, wie sie auch inhaltlich sich an jene Bestimmung anlehnt; ihre Fassung soll, wie die Motive besagen, zum Ausdruck bringen, „daß der Regel nach die dem unehelichen Kinde wegen der Unterhaltsbeiträge gestattete Zwangsvollstreckung in den Dienstlohn der im § 1 des Gesetzes vom 21. Juni 1869 vorgeschriebenen Beschränkung nicht unterliegt, daß aber in Abweichung von dieser Regel die Beschränkungen bezüglich derjenigen Beiträge Platz greifen, welche der Schuldner für sich und seine Familie zum Unterhalt braucht". Dies ist die Erkenntnisquelle für den Sinn der Worte: danach scheint es fast, als ob in Fällen der Konkurrenz der Unterhaltsansprüche unehelicher Kinder mit denen der Verwandten die Beschränkungen des § 1 des Gesetzes für die Unterhaltsbeiträge der letzteren in Geltung treten sollen. Das ist aber nicht gemeint. Es hätte keinen Sinn, die Unterhaltsbeiträge der Verwandten in § 4 Nr. 3 von den Beschränkungen des Gesetzes zu befreien und sie wieder daran zu binden, wenn ein uneheliches Kind mit seinem Anspruche konkurrierte. Wie sollten außerdem die Forderungen des unehelichen Kindes sich dann verwirklichen! Es ist mit der Bestimmung nur dasselbe ausgedrückt, das bezüglich der Pfändung des Diensteinkommens und der gleichgestellten Bezüge der § 850 ZPO. in seinem Abs. 4 (Art. 2 der Novelle) ausspricht, da die Novelle vom 29. März 1897 nach ihrer ausgesprochenen Absicht (vgl. Begründung S. 2) einen „gleichen Rechtszustand für den Bereich des Gesetzes vom 21. Juni

1869 und der ZPO. unter Beseitigung bestehender sachlicher Verschiedenheiten, für welche es an einem inneren Grunde fehlt", herbeiführen wollte:

Die angeführte Vorschrift der ZPO. erklärt die Gehaltspfändung ohne Rücksicht auf den Betrag, also ohne die im übrigen (im Gesetze) gezogene Schranke wegen der zugunsten der unehelichen Kinder zu entrichtenden Unterhaltsbeiträge, für zulässig und fährt dann fort: „Diese Vorschrift findet jedoch insoweit keine Anwendung, als der Schuldner zur Bestreitung seines notdürftigen Unterhalts und zur Erfüllung der ihm seine Verwandten . . . gegenüber gesetzlich obliegenden Unterhaltungspflicht der Bezüge bedarf." Das Recht der Gehalts- und Lohnpfändung zugunsten der unehelichen Kinder erleidet daher **nur bezüglich des Umfanges** eine Einengung durch die Rücksicht auf den eigenen Unterhalt des Verpflichteten und die Unterhaltsbedürfnisse seiner Verwandten, ist im übrigen aber unbeschränkt.

Der zweite Satz des Paragraphen bildet zwar für das Verständnis ebenfalls Schwierigkeiten; da diese aber den Sinn und die Bedeutung der Vorschrift weit mehr angehen, als ihren Wortlaut, so wird davon später die Rede sein.

II. Das Verhältnis der Bestimmung zu § 850 Abs. 4 ZPO.

ist das gleiche wie dasjenige der letzteren Bestimmung zu § 4 Nr. 3 unseres Gesetzes (s. S. 80).

III. Die Bestimmung und das Zivilrecht.

Während § 4 Nr. 3 des Gesetzes nur eine prozessuale Bestimmung über die Pfändbarkeit des Arbeits- und Dienstlohnes für Unterhaltsbeiträge der Verwandten usw. enthält, die Feststellung der Vorbedigungen der Unterhaltspflicht auf materiell-rechtlichem Gebiete aber dem geltenden Zivilrechte überläßt, so trifft § 4a eine über das rein prozessuale Gebiet hinausgehende **materielle,** im BGB. nicht enthaltene Bestimmung: Er ordnet das Rangverhältnis der Unterhaltsansprüche der Verwandten und des unehelichen Kindes behufs Befriedigung aus dem Arbeits- und Dienstlohne des Unterhaltspflichtigen (hierüber s. S. 90) und sichert dem Schuldner den zu seinem und seiner Familie Unterhalte erforderlichen Teil der Vergütung im Zwangsvollstreckungsverfahren.

Letzteres erschien notwendig, weil im BGB. die Unterhaltsansprüche der unehelichen Kinder, im Gegensatze zu denen der Verwandten, nicht von den Vermögens- und Erwerbsverhältnissen des Unterhaltspflichtigen abhängen (abgesehen vom Falle des § 1708 Abs. 2 a. a. O.), diese Umstände also bei der Verurteilung zur Unterhaltsgewährung selbst völlig unberücksichtigt bleiben.

Im übrigen regelt das BGB. nach Voraussetzungen, Inhalt und Umfang die hier nicht zu erörternde rechtliche Stellung der unehelichen Kinder. — Dieselbe bestimmt sich hinsichtlich der vor dem 1. Januar 1900 Geborenen auch jetzt noch nach den Landesgesetzen (Art. 208 EG. z. BGB.): Wo für sie eine Unterhaltspflicht des Vaters in geringerem Maße als jetzt nach dem BGB. oder gar nicht bestand, behält es dabei auch fernerhin sein Bewenden.

IV. Das Vollstreckungsvorrecht der unehelichen Kinder.

1. Bevorrechtigte Personen. Uneheliche Kinder sind die außerhalb einer ehelichen Verbindung geborenen (auch die sogenannten Brautkinder), ferner die einer gültigen Ehe entstammenden, wenn deren eheliche Abstammung mit

Erfolg angefochten ist (§ 1593 BGB.), weiter Kinder aus einer nichtigen Ehe (§§ 1310, 1327 BGB.), wenn diese für ungültig erklärt und nicht in das Heiratsregister eingetragen ist, oder wenn beiden Ehegatten bei Eingehung der Ehe deren Nichtigkeit bekannt war (§ 1699 BGB.).

Die bevorrechtigte Pfändung des Dienstlohnes des Vaters wegen der Unterhaltsansprüche des unehelichen Kindes ist nicht nur letzterem selbst durch seinen gesetzlichen Vertreter, sondern auch denjenigen Personen gestattet, auf welche, wie aus der Fassung des § 4a folgt („**zugunsten unehelicher Kinder**"), der Anspruch des Kindes gegen den Vater kraft Gesetzes von selbst übergeht (Begründ. d. Entw. S. 2). Es sind dies die Mutter oder ein unterhaltspflichtiger mütterlicher Verwandter des Kindes, soweit sie demselben Unterhalt gewähren oder gewährt haben (§§ 1709 Abs. 2, 1711 BGB. — auch in ihrer Eigenschaft als Erben des Kindes wegen der bis zu dessen Tode entstandenen Unterhaltsansprüche, weil auch diese auf die Genannten kraft Gesetzes sofort bei der Entstehung, also schon zu Lebzeiten des Kindes, übergehen (§§ 1711, 1709 BGB., Bayr. Rpfl.-Z. 05 Neumann Jahrbuch 06 I S. 748; entgegengesetzt LG. I Berlin i. Bl. f. Rpfl. 01 S. 16 u. 07 S. 32). Dadurch wird der Grundsatz der Bevorrechtigung der Personen (nicht der Forderungen als solchen) in keiner Weise durchbrochen. Anderen Personen dagegen, welche tatsächlich das Kind verpflegen oder verpflegt haben, ist das Vorrecht der Genannten nicht eingeräumt, weil sie nicht auf Grund eines kraft Gesetzes unmittelbar auf sie übergegangenen Rechts eine Unterhaltsforderung zugunsten des unehelichen Kindes geltend machen, vielmehr nur Rückerstattung des für Rechnung des Unterhaltspflichtigen Geleisteten verlangen (§§ 679 fg. BGB.). Unrichtig ist daher die Entscheidung des Kammergerichts (OLG. VI S. 423), welche auch dritten, außerhalb des bestimmten Personenkreises Stehenden das Pfändungsvorrecht zuspricht, unrichtig schon aus dem Grunde, weil sie eine Abtretung der Unterhaltsansprüche des unehelichen Kindes an Dritte für rechtlich zulässig erklärt unter Nichtbeachtung der §§ 850 Abs. 1 Nr. 2 ZPO. 400 BGB., welche eine solche geradezu verbieten. — Ausnahmweise ist den Armenverbänden, welche den Unterhalt geleistet haben, das gleiche Vorrecht wie den Verwandten selbst eingeräumt (RGes. über d. Unterstützwohns. v. 12. März 1894 § 62). — Der Übergang der Forderung auf seiten des Unterhaltspflichtigen berührt das Vorrecht nicht (§§ 1712, 1705 BGB.).

2. Der Gegenstand und **3.** Inhalt des Vorrechts ist der gleiche wie im § 4 Nr. 3 d. Ges.; vgl. die Ausführungen S. 83.

4. Der Umfang des Vorrechts unterliegt zeitlichen und sachlichen Beschränkungen:

A. Das Vorrecht der für die Vergangenheit geschuldeten Unterhaltsbeiträge (siehe § 1711 BGB.) ist auf das der Erhebung der Klage vorausgehende letzte Vierteljahr beschränkt; für die Zeit nach Erhebung der Klage steht es unbeschränkt zu, ebenso wie dasjenige der Verwandten (vgl. die Auslegung S. 86 fg.).

B. Sachlich ist das Vorrecht

a) den „kraft Gesetzes" zu entrichtenden, also der Lebensstellung der Mutter, insbesondere ihren Vermögensverhältnissen entsprechenden und den gesamten Lebensbedarf des Kindes einschließlich der Kosten der Erziehung und Berufsausbildung umfassenden, nicht nur notdürftigen „Unterhaltsbeiträgen" eingeräumt (§ 1708 BGB., vgl. S. 84, 106). [Auf die Teuerungsverhältnisse am Erziehungsorte des Kindes oder Wohnorte der Mutter kommt es dabei nicht an (Leske BGB. II § 217 S. 900 Anm.)];

b) dadurch beschränkt, daß dem Vater des unehelichen Kindes von dem Lohne bzw. Diensteinkommen der „notdürftige Unterhalt für sich selbst" und „die zur Erfüllung der gesetzlichen Unterhaltspflicht" gegenüber den Verwandten notwendigen Mittel belassen werden müssen, gleichviel, ob er freiwillig, oder, durch Richterspruch gezwungen, den Pflichten gegen die Familie nachkommt. Soweit die Lohn- bzw. Dienstbezüge darüber hinaus einen Überschuß ergeben, fließt er dem unehelichen Kinde zu. — Wenn von dem Arbeitsverdienste in Verbindnng mit anderen Einkünften die Unterhaltsbedürfnisse des Unterhaltspflichtigen, seiner Familie und des unehelichen Kindes voll gedeckt werden, so kann das Kind wegen seiner Ansprüche die Lohn- und Dienstbezüge ev. ganz für sich beschlagnahmen (vgl. S. 87). Bei der folgenden Besprechung des § 4a wird stets vorausgesetzt, daß der Unterhaltspflichtige seines Arbeitsverdienstes zu seinem und seiner Familie Unterhalte bedarf.

Bei der Lohnpfändung des unehelichen Kindes ist demnach folgendes zu berücksichtigen:

1. Das Recht des Vaters an dem vom unehelichen Kinde gepfändeten Arbeitsverdienste erstreckt sich auf das zur Bestreitung seines notdürftigen Unterhalts Erforderliche.

„Der notdürftige Unterhalt", welcher im Gesetze ebensowenig wie im BGB. definiert ist, bildet den Gegensatz zum „standesgemäßen", d. h. demjenigen „Unterhalte, dessen Maß sich nach der Lebensstellung des Bedürftigen richtet" (§ 1610 BGB.). Wenn sonach bei seiner Bemessnng jede Rücksicht auf den Stand und die gesellschaftliche Stellung des Unterhaltspflichtigen auf der einen Seite schwinden muß, so wird doch auf der andern Seite das Maß des notdürftigen Unterhalts auch nicht unterschiedslos auf das zum Unterhalte erforderliche Notdürftigste abzustellen sein, etwa auf dasjenige, was die öffentliche Armenpflege als Existenzminimum gewährt (Mot. z. BGB. IV S. 896). Der Stand des Unterhaltspflichtigen wird bei Bemessung seines notdürftigen Unterhalts nur in seiner, durch die Lebensgewohnheit erzeugten Wirkung auf körperliche und geistige Beschaffenheit der Persönlichkeit in Betracht kommen, insofern diese Beschaffenheit für den notdürftigen Unterhalt mehr benötigt, als bei einer Persönlichkeit der Fall ist, welche unter dem Einflusse einer anderen Lebensgewohnheit gestanden hat (Gruchot Bd. 34 S. 1176). Einen Anspruch auf Fortführung seiner bisherigen Lebensweise hat der Schuldner natürlich nicht (Beschl. LG. I Berl. 25 T. 652 01), wenn auch nach Lage der Sache notwendige außerordentliche Bedürfnisse, z. B. infolge von Krankheit, billige Rücksichtnahme erheischen (Keidel S. 230).

Bei Feststellung des für den Schuldner und seine Familie notwendigen Unterhalts bildet der die einzige Erwerbsquelle bildende Arbeitsverdienst des Schuldners die alleinige Grundlage, es müßten denn Frau oder Kinder dauernd zu den Lasten des ehelichen Aufwandes beisteuern, also regelmäßigen und sicheren Verdienst haben (LG. I Berlin 25 T. 10/02; vgl. S. 94).

2. Das Recht unterhaltsberechtigter Verwandter an dem vom unehelichen Kinde gepfändeten Arbeitsverdienste des Unterhaltsberechtigten.

Entgegen dem Entwurfe der Novelle vom 29. März 1897, welcher die gesetzlichen Unterhaltsansprüche der Verwandten unbedingt gegenüber den Rechten der unehelichen Kinder schützte, hat der Reichstag durch einen Zusatz zu § 4a LBG. und § 850 Abs. 4 ZPO., den letzten Satz des Paragraphen bzw. Absatzes (**Hierbei werden** . . .) den Vorrang der Verwandten vor den unehelichen Kindern bezüglich Befriedigung aus dem gepfändeten Lohne des Unterhaltspflichtigen, den er grundsätzlich aufrecht erhält, in einigen Beziehungen im Interesse der Billigkeit eingeschränkt. — Die Begründung (vgl. Reichstgsverh. v.

23. II. 97 S. 4891 d. Drucks.) wie die Fassung des Zusatzes läßt aber nicht mit Deutlichkeit erkennen, wann Leistungen an die Verwandten bevorrechtigt werden sollen und wann nicht. Es sollen dem Anspruche des unehelichen Kindes diejenigen Leistungen an die unterhaltsberechtigten Verwandten vorgehen, „welche für den nämlichen Zeitraum oder falls die Klage zugunsten des unehelichen Kindes nach der Klage eines Unterhaltsberechtigten erhoben ist für die Zeit von dem Beginne des der Klage dieses Berechtigten vorausgehenden letzten Vierteljahrs ab zu entrichten sind". Es werden also zwei Fälle unterschieden:

aa) wenn für den nämlichen Zeitraum beiderseits Ansprüche erhoben werden.

Unter dem nämlichen ist der gleiche Zeitraum zu verstehen. Dies erweisen die nachfolgenden, offenbar einen Gegensatz zu diesem ausdrückenden Worte des Zusatzes („oder . . . die Zeit vom Beginne des . . . vorausgehenden Vierteljahrs ab"). Denn sie verlangen — unter gewissen Voraussetzungen — die Berücksichtigung der für einen anderen, früheren Zeitraum zu entrichtenden Unterhaltsbeiträge.

Es fragt sich aber, mit welchem anderen Zeitraume der „nämliche" verglichen werden soll. Gaupp (§ 850 S. 625) wollen ihn auf die im Eingange des Paragraphen bestimmte Zeit „nach Erhebung der Klage des unehelichen Kindes und das diesem Zeitpunkte vorangehende Vierteljahr" beziehen. Wenn aber auf diese Weise die Unterhaltsforderungen der Verwandten für den gleichen Zeitraum privilegiert sein sollen, für welchen dem unehelichen Kinde das Privileg zusteht, so würde letzteres auch mit seinem Anspruche den dreimonatigen Rückständen der Verwandten nachstehen, und dies sollte doch gerade nach der Begründung des Abgeordneten Bassermann (s. Rtgsverh. S. 4891) vermieden werden. Auch erscheint es gezwungen, das „nämliche" auf die weit vorherstehende

Zeitangabe zu beziehen. — Der in Vergleich gezogene Zeitraum kann an sich auch derjenige sein, für welchen dem einen und anderen Unterhaltspflichtigen Beiträge geschuldet werden. Auch diese Annahme würde zu einer Bevorrechtigung der Ansprüche der Verwandten in jedem Falle führen; sie ist aber im Ergebnisse nur richtig soweit es sich um Unterhaltsbeiträge für die Gegenwart, handelt, nicht aber, wenn für die gleiche vergangene Zeit Beträge geschuldet werden: denn die den Verwandten geschuldeten rückständigen Leistungen sollen in gar keinem Falle ohne Klage den durch Pfändung gesicherten, gleichviel welcher Zeit angehörigen Ansprüchen des unehelichen Kindes vorgehen (s. Rtgsverh. a. a. O. u. Keidel S. 231). — Für die Frage der Berücksichtigung von Unterhaltsforderungen der Verwandten gegenüber den Pfändungsansprüchen des unehelichen Kindes für den „nämlichen Zeitraum" ist diejenige Zeit maßgebend, für welche dem Schuldner durch die Pfändung des unehelichen Kindes der Lohn zur Unterhaltung der Verwandten entzogen wird. Da aber stets nur der gegenwärtige Lohn entzogen wird, so sind gegenüber den Pfändungsansprüchen des unehelichen Kindes nur für die Gegenwart fällige Unterhaltsbeiträge der Verwandten bevorrechtigt (s. S. 111).

bb) Wenn die Verwandten aber nicht für den nämlichen Zeitraum Unterhaltsforderungen geltend machen, für welchen die Gehaltspfändung des unehelichen Kindes dem Unterhaltspflichtigen den Arbeitsverdienst entzieht, so fällt die Entscheidung wegen des Vorranges der einen oder der anderen verschieden aus, je nachdem die Verwandten überhaupt Klage erhoben haben oder nicht, und je nachdem die Verwandten ihre Klage vor oder nach derjenigen des unehelichen Kindes angestrengt haben.

α) Am häufigsten klagt der Verwandte nicht. Dann ist er nach diesseitiger Auslegung der Gesetzesbestimmung wegen der ihm zu entrichtenden Unterhaltsrückstände nicht bevorrechtigt; die durch Lohnpfändung gesicherten Unterhaltsansprüche des unehelichen Kindes gehen immer vor, mögen sie augenblicklich fällig oder rückständig sein. Denn die Unterhaltsbeiträge an den Verwandten sind nicht mehr für den „nämlichen" Zeitraum zu entrichten, für welchen der Gehalt gezahlt wird und gepfändet ist, sondern nur von dieser Gehaltsrate für eine frühere Zeit (Keidel S. 232f., aM. Gaupp 850 IV b S. 625).

β) Der Verwandte hat vor dem unehelichen Kinde eine Klage wegen der Unterhaltsbeiträge erhoben oder der Klageerhebung gleichstehende gerichtliche Schritte getan (s. S. 88).

In diesem Falle gebührt ihm für alle Unterhaltsansprüche „vom Beginn des seiner Klage vorausgehenden letzten Vierteljahres ab" der Vorrang vor denen des unehelichen Kindes, also nicht nur für alle derselben Zeit angehörenden, gegenwärtig fälligen und zukünftigen, sondern auch für seine älteren Forderungen gegenüber den jüngeren Ansprüchen des unehelichen Kindes. Allerdings ist ihm für die seit länger als ein Vierteljahr vor Klageerhebung rückständigen, richterlich zugesprochenen Unterhaltsbeiträge nach dem Gesetz kein Vorrecht eingeräumt. In bezug auf diese letzteren geht nach § 804 Abs. 3 ZPO. das durch frühere Pfändung des unehelichen Kindes begründete Pfandrecht dem durch spätere Pfändung begründeten Rechte des Verwandten vor.

Das gleiche muß gelten, wenn richterlich zugesprochene rückständige Unterhaltsbeiträge auf beiden Seiten sich gegenüber stehen.

Zweifelhaft könnte allerdings sein, ob der Vorrang der erstrittenen Unterhaltsforderungen den Verwandten auch dann zuzuerkennen ist, wenn sie zwar vor dem unehelichen Kinde Klage erhoben haben, des letzteren Klage aber eher zum Urteil und zur Zwangsvollstreckung geführt hat. Indessen dürfte nach dem Wortlaute und dem Sinn der Vorschrift stets zugunsten der Verwandten zu entscheiden sein, wenn sie tatsächlich zuerst Klage erhoben haben. Insoweit wird also der Grundsatz des § 804 Abs. 3 ZPO. durchbrochen.

γ) Hat der Verwandte zu gleicher oder späterer Zeit als das uneheliche Kind geklagt, so genießt er nicht bezüglich aller seiner Forderungen dasselbe Vorrecht, wie zu β. Nur seine Ansprüche für den „nämlichen Zeitraum" gehen vor; bezüglich aller anderen Ansprüche entscheidet die frühere Pfändung auch über den Vorrang. In diesem Falle den Unterhaltsansprüchen des unehelichen Kindes aus früherer Zeit unbedingt das Vorrecht einzuräumen, wie Keidel S. 233 es tut, erscheint nicht gerechtfertigt.

3. Das Rangverhältnis zwischen den Unterhaltsansprüchen der Verwandten und dem Anspruche des unehelichen Kindes aus der Pfändung ist demnach folgendes:

A. Unterhaltsforderungen der Verwandten für die Gegenwart gehen, gleichviel ob und wann sie eingeklagt sind, dem Pfändungsanspruche des unehelichen Kindes vor.

B. Nicht eingeklagte rückständige Unterhaltsforderungen der Verwandten treten hinter den durch Pfändung gesicherten — selbst rückständigen — Ansprüchen des unehelichen Kindes zurück.

C. Rückständige, vor dem Anspruche des unehelichen Kindes eingeklagte Unterhaltsforderungen der Verwandten gehen für die Zeit vom Beginne des der Klage vorausgehenden Vierteljahres ab allen, welcher Zeit auch immer angehörigen Ansprüchen des unehelichen Kindes vor. Dabei stehen mehrere unterhaltsberechtigte Verwandte, z. B. Ehefrau und Kinder oder Eltern und geschiedene Ehefrau, sämtlich für die Frage der Bevorrechtigung ihrer Forderungen als Einheit dem unehelichen Kinde gegenüber.

5. Wegen der **Verwirklichung des Vorrechts**

im allgemeinen ist auf das zu § 4 Nr. 3 (S. 87 fg.) Angeführte zu verweisen.

V. **Für das im Falle der Konkurrenz mehrerer Berechtigter zu beobachtende Verfahren** gilt das S. 87 IV Gesagte.

VI. **Für das Verhältnis der bevorrechtigten zu nicht bevorrechtigten Gläubigern** gilt das S. 88 V Gesagte mit der Maßgabe, daß zu ersteren auch die unehelichen Kinder zählen.

VII. **Ueber die Art des Erlasses des Pfändungsbeschlusses** (s. S. 118).

§ 5.

Dieses Gesetz tritt am 1. August 1869 in Kraft.

Die bis dahin verfügten, mit den Vorschriften dieses Gesetzes nicht vereinbaren Beschlagnahmen sind auf Antrag des Schuldners aufzuheben oder einzuschränken.

Dagegen finden die Bestimmungen des zweiten Absatzes des § 2 auf frühere Fälle keine Anwendung.

Die Bestimmungen dieses Paragraphen sind heute gegenstandslos, da sie sich nur auf die bis zum 1. August 1869 verfügten Beschlagnahmen und die bis zu diesem Zeitpunkte vorgenommenen Verfügungen des Schuldners beziehen.

Der Erörterung bedarf nur die Frage nach der Zulässigkeit der Lohnbeschlagnahme wegen der zugunsten der unehelichen Kinder zu entrichtenden, für die Zeit vor dem 29. März 1897 rückständigen Unterhaltsbeiträge, oder mit anderen Worten, die Frage nach der rückwirkenden Kraft des § 4a unseres Gesetzes (unabhängig von einer ev. eingetretenen Verjährung der Beiträge; § 197 BGB.).

Für die Entscheidung der in Rede stehenden Frage ist ein Kammerger.-Beschl. v. 15. Februar 00 (vgl. Bl. f. Rpfl. 00 Nr. 3) von Bedeutung. Das Gericht führt unter Berufung auf Wach, Handbuch des Zivilprozeßrechts, aus: Das Gesetz beherrsche die in seine Zeit fallenden Prozeßvorgänge, gleichviel, ob das materielle, den Streitgegenstand bildende Rechtsverhältnis dieser oder einer früheren Zeit angehört. Insbesondere müsse sich jeder eine Erweiterung der Vollstreckungsmöglichkeit gefallen lassen; auch das Reichsgericht steht bezüglich der Anwendbarkeit neuer Prozeßgesetze auf diesem Standpunkt (vgl. JW. 1900 S. 146). Dieser ist auch zweifelos richtig, soweit es sich um eine Prozeßvorschrift handelt. In dem § 4a d. LBG. ist aber unseres Erachtens eine Prozeßvorschrift nicht zu erblicken; nicht jede in einem Prozeßgesetze befindliche Bestimmung ist deswegen eine prozeßrechtliche. Die in Rede stehende dürfte es aus dem Grunde nicht sein, weil sie nicht die Art, wie zu vollstrecken, festsetzt, sondern das Recht der Zwangsvollstreckung in Dienstlohnforderungen wegen der Unterhaltsbeiträge in seinen Voraussetzungen und seinem Umfange materiell regelt (vgl. Erläut. zu § 4a S. 100fg.).

Je nachdem der Charakter des § 4a uns. Ges. als Prozeßvorschrift bejaht oder verneint wird, wird seine rückwirkende Kraft anerkannt oder bestritten werden müssen.

Die rückwirkende Kraft des § 850 Abs. 4 ZPO., der die Pfändung des Gehalts und Diensteinkommens wegen der Unterhaltsbeiträge des Ehegatten, der Verwandten und Unehelichen zuläßt, hat das Kammergericht wiederholt anerkannt (OLG. IX S. 128 Seuffert Arch. 59 Nr. 170) und damit diese Vorschrift in das Bereich der Prozeßgesetze verwiesen, wiewohl auch sie materiell den Umfang der Zwangsvollstreckung im gegebenen Falle bestimmt.

III. Anhänge.

Anhang I.

Das Verfahren der Beschlagnahme von Lohn-, Gehalts- und Dienstbezügen.

I. Der Pfändungsantrag,

welcher gemäß § 828 ZPO. zu stellen ist, hat

1. die Zustellung des Vollstreckungstitels (§ 750 ZPO.).

2. die Fälligkeit der zur Vollstreckung stehenden Forderung zur Voraussetzung (§ 751 ZPO.). Auf Grund eines Urteils, welches die Verpflichtung zur Entrichtung wiederkehrender, künftiger Leistungen ausspricht (§ 258 ZPO.), kann die Zwangsvollstreckung erst beginnen, nachdem Schuldner am Fälligkeitstage nicht freiwillig gezahlt hat. Es darf daher z. B. wegen der im voraus zu entrichtenden Unterhaltsbeiträge für das letzte Kalenderquartal nicht schon am 1., sondern erst am 2. X. das demnächst fällig werdende Gehalt beschlagnahmt werden (Ztsch. d. Anwaltsk. Breslau VIII. S. 5).

3. die zu pfändende Forderung möglichst genau zu bezeichnen. Es genügt zur Individualisierung derselben die Angabe des Rechtsgrundes und Gegenstandes, selbst wenn ihre Höhe nicht feststeht (ROHG. 9 S. 167); Hinzufügung unrichtiger Einzelheiten (z. B. daß die Forderung aus einem Urteile statt aus gerichtlichem Vergleiche gepfändet werde) ist unerheblich, wenn objektiv Zweifel betreffs der gemeinten Forderung ausgeschlossen sind (OLG. 6 S. 417). Das zu pfändende Gehalt umfaßt zwar alle künftig fällig werdenden Beträge (§ 832 ZPO.), aber nicht sonstige daneben gewährte Bezüge (Provision usw.); die „Dienstvergütung" und das „Diensteinkommen" jedoch alle Teile des Arbeitsentgeltes, welche Namen sie auch haben (auch Überverdienste S. 70) „Einkommen von 3000 M. aus dem Dienstvertrage" kann nicht gepfändet werden, weil es Sache des Urteils ist, ob etwas, z. B. ein ersparter Teil der Reisespesen, als Einkommen anzusehen ist (Kam.-Ger.-Urt. 4 U. 268/05). Auch die Person des Drittschuldners muß genau bestimmt sein; die namentliche Bezeichnung desselben ist allerdings nicht unbedingt zu verlangen (RG. 42 S. 330, OLG. VII S. 314), es genügt z. B. „Testamentsvollstrecker des Kaufmann X'schen Nachlasses". — Die Zeit, für welche die Pfändung verlangt wird, ist zur Vermeidung von Irrtümern genau anzugeben: ein „Anspruch, welcher dem Schuldner auf Provision für vermittelte Verkäufe in Höhe von mindestens 500 M. zusteht", betrifft nur eine Forderung für die Vergangenheit; seine Pfändung erfaßt daher nicht die zukünftig fällig werdenden Beträge (anders, wenn „von mindestens 500 M." fortgelassen und „des für das Jahr 1500 M. übersteigenden Betrages" hinzugefügt wird).

4. den Bestand der zu pfändenden Forderung und jene Umstände zu behaupten, welche ihre Pfändbarkeit dartun. Dazu gehört bei Beschlagnahme „zugunsten unehelicher Kinder" die Behauptung, daß Schuldner zur Bestreitung seines notdürftigen Unterhalts und zur Erfüllung sonstiger gesetzlicher Unterhaltspflicht der zu beschlagnahmenden Bezüge nicht bedarf.

5. die Art und Weise der gewünschten Pfändung anzugeben (s. S. 91 fg.). Gläubiger hat es in der Hand, auch bei schwankenden Einnahmen des Schuldners den Jahresüberschuß oder monatliche Überschüsse zu pfänden; daß er bei der ersten Art der Pfändung aber kein Recht auf die Überschüsse am Ende des Monats hat (PrVerwaltBl. 04 S. 564), kann nicht als zutreffend angesehen werden. Übrigens ist der Gläubiger zur Abänderung seines Antrages befugt. — Will er den monatlichen oder wöchentlichen Lohn pfänden, so hat er glaubhaft zu machen, daß die Lohnzahlung so erfolgt; der Glaubhaftmachung bedarf es aber nicht, wenn dem Gerichte die behauptete Zahlweise (bei Handlungsgehülfen monatlich, bei gewerbl. Arbeitern wöchentlich) als usancemäßige bekannt ist (LG. Berl. T. 1424/05).

6. die Grenzen des zur Befriedigung des Gläubigers Notwendigen gemäß § 803 ZPO. nicht zu überschreiten. Der Antragsteller darf daher nich gleichzeitig die Beschlagnahme mehrerer einmaliger Vergütungsansprüche des Schuldners in voller Höhe verlangen. wenn deren einer allein den Schuldbetrag zahlenmäßig übersteigt, es müßte denn sein, daß er dessen teilweise Uneinbringlichkeit (oder anderweite Inanspruchnahme) glaubhaft macht (LG. I Berl. T. 26/04); anders, wenn er ziffernmäßig die Höhe der Forderungen nicht angeben kann (LG. I Berl. T. 434/04).

Sollen mehrere fortlaufende Forderungen des Schuldners nebeneinander beschlagnahmt werden, so muß die eigene Forderung des Gläubigers geteilt und wegen der so entstandenen Teilbeträge gepfändet werden (LG. I Berl. T. 560/04); natürlich können die in mehreren Dienstverhältnissen verdienten Bezüge nicht mit der Maßgabe gepfändet werden, daß die den Betrag von 1500 M. übersteigenden Gesamtbezüge der Pfändung unterworfen werden. Es muß vielmehr in diesem Falle die Summe der Verdienste bei jedem Drittschuldner nach Abzug von zusammen 1500 M. als Grundlage für die in jedem Dienstverhältnisse zu pfändenden Bezüge dienen. Wo die

Höhe der dem Schuldner im einzelnen aus den Verhältnissen zufließenden Bezüge sich nicht feststellen läßt, wird zu unterstellen sein, daß er die 1500 M. aus einem Verhältnisse bezieht (Bl. f. Rpfl. 05 S. 113). — Bei Pfändung eines Anspruchs auf Naturalien wird deren Wert (s. S. 62) anzugeben sein.

II. Der Pfändungsbeschluß.

A. Der Vollstreckungsrichter hat bei seinem **Erlasse**, außer den allgemeinen (§§ 750 fg. ZPO.) und besonderen (s. S. 114), für den Beginn der Zwangsvollstreckung in Betracht zu ziehenden Voraussetzungen von Amts wegen zu berücksichtigen

1. die Bestimmtheit (s. S. 114) der zu pfändenden Forderung; in Zweifelsfällen hat er nach vergeblicher Aufforderung zur Individualisierung derselben den Antrag abzulehnen. Ebenso ist bei einem in sich widerspruchsvollem Antrage zu verfahren (LG. I Berl. T. 264/07).

2. die Pfändbarkeit der Forderung an sich und zu diesem Zwecke

a) das Verhältnis des Schuldnes zum Drittschuldner [Dienst- oder Beamtenverhältnis oder keines von beiden; Dienstverhältnis zu mehreren Personen und Haupt- oder Nebenbeschäftigung bei Anwendung des LBG. (Bei einer Lohnforderung von 6 M. monatlich liegt eine vollständige oder überwiegende Inanspruchnahme der Erwerbstätigkeit keinesfalls vor, LG. I Berl. T. 125/04)].

b) die Höhe der Vergütung des Schuldners (Berechnung S. 93, 118), nicht seiner Frau und Kinder (s. S. 94), ausgenommen wegen des dem Vater des unehelichen Kindes zu belassenden notdürftigen Unterhalts S. 106.

c) die Zeit, für welche die zu pfändende Forderung angeblich zusteht. Die Beschlagnahme von laufenden und zukünftigen Ansprüchen ist — abgesehen von Ausnahmefällen — auf den 1500 M. jährlich übersteigenden

Betrag einzuschränken; dagegen findet die Pfändung rückständiger Ansprüche, z. B. der Lohnforderung des schuldnerischen Erblassers, unbeschränkt statt [LG. I Berl. T. 59/04]), wobei deren Nichteinforderung vermutet wird (S. 38).

3. die zeitlichen und sachlichen Pfändungsbeschränkungen im einzelnen Falle. Unterhaltsansprüche dritter Personen (Verwandte des Schuldners usw.) können natürlich nur dann berücksichtigt werden, wenn sie aus dem Pfändungsgesuche ersichtlich oder sonst dem Richter bekannt sind.

4. den Umfang der beantragten Beschlagnahme zur Vermeidung von Überpfändung (s. S. 116, Nr 6).

5. die Art und Weise derselben. Bei der Zulassung der Lohnbeschlagnahme für kurze, den Lohnperioden entsprechende Zeitteile ist der für die Zeiteinheit eines Jahres pfandfreie Betrag von 1500 M. in rechnerisch gleichem Verhältnisse zu den gewählten Zeiten zu verteilen (s. S. 92 fg.). Eine solche Anordnung wird der gesetzlichen Bestimmung und den Interessen aller Beteiligten auch dann gerecht, wenn die Vergütung zuzeiten schwankt, z. B. beim Akkordarbeiter oder, wenn tatsächlich nicht das ganze Jahr hindurch Dienste geleistet werden (z. B. bei Saisonverträgen der Schauspieler [Ztschr. d. Anwaltsk. Breslau 02 S. 12], oder der Kellner. (Über Rechtsbehelfe bei hierdurch herbeigeführtem Lohnausfalle s. S. 123.) In Fällen der letzteren Art besteht das Jahr, in welchem der Lohn verdient werden kann und wird, nicht aus 12 Monaten, sondern im Beispiele von OLG. XV S. 168 aus 7 Monaten; bei diesem Zeitraum ist also $^1/_7$ von 1500 M. = $214^2/_7$ M. in jedem Monate der Pfändung entzogen. — Zugunsten unehelicher Kinder wird nur die wöchentlich oder monatlich einen bestimmten Betrag übersteigende Lohnforderung des unehelichen Vaters beschlagnahmt werden können (aM. Seuffert

Bl. f. Rechtsanw. 06 S. 429 fg.), da bei dieser Pfändung stets, auch bei schwankenden Bezügen, der notdürftige Unterhalt des Schuldners berücksichtigt werden muß; im Gegensatz dazu kann bei Pfändungen unterhaltsberechtigter Verwandter stets ein bestimmter Betrag des Verdienstes des Unterhaltspflichtigen beschlagnahmt werden, da schon im Urteile dessen Vermögens- und Erwerbsverhältnisse bei Abmessung der Unterhaltsbeiträge gewürdigt sind (vgl. m. Auff. i. Ztg. d. Anwaltsk. Naumburg v. Juni 02).

B. **Die Zustellung** erfolgt durch den Gläubiger (auch Ersatzzustellung ist hierbei zulässig), im Auslande gemäß §§ 199, 201, 202 ZPO. mittels Ersuchens des Vollstreckungsgerichts, bzw. bei Zustellung an einen Exterritorialen gemäß § 200 eod. l. mittels Ersuchens des Reichskanzlers. Ausnahmen s. Gaupp § 829 III 1. Eine öffentliche Zustellung an den Drittschuldner findet nicht statt (s. ebenda). Wegen Zustellung an die den Fiskus als Drittschuldner vertretende Behörde s. Anhang II.

C. **Die Wirkung der Pfändung** beginnt mit Zustellung des Beschlusses an den Drittschuldner, unabhängig von der Zustellung an den Schuldner (§ 829 ZPO.). Hiermit entsteht für den Pfändenden ein Pfandrecht an der Forderung, und für Schuldner treten die in § 829 a. a. O. angegebenen Folgen ein. Zur Geltendmachung eines Zahlungsbegehrens (ev. im Klagewege, s. S. 121, 123) legitimiert den Pfandgläubiger aber erst die Überweisung der Forderung (vorher hat er die Feststellungsklage gegen den Drittschuldner auf Anerkennung seines Rechts).

Ein Pfandrecht entsteht aber trotz des Pfändungsbeschlusses an der Lohnforderung nicht, wenn sie z. B. bei Lohnausfällen objektiv unpfändbar war (s. das Recht 05 S. 36, Bl. f. Rpfl. 05 S. 111 fg.; aA. die im „Recht" a. a. O. Genannten), und auch ein Einverständnis des Schuldners mit Aufgabe der Pfändungsbeschränkung kann nicht den Vollstreckungsakt zu einem rechtsbegründenden gestalten (aA. Müller Pfändungspfandrecht). In diesem Falle kann der Schuldner bis zum Ende der Zwangsvollstreckung gemäß § 766 ZPO. Aufhebung des Beschlusses fordern, nachher auf Grund des § 816 BGB. Herausgabe des durch die Pfändung Erlangten (s. Aufsätze i. „Recht" u. Bl. f. Rpfl. a. a. O.). — Dem Drittschuldner ist die Einrede der Nichtigkeit gegenüber der Klage des Gläubigers gestattet (Gaupp S. 766 I 3).

III. Die Anfechtung des Pfändungsbeschlusses.

1. Der Pfändungsbeschluß kann bis zur gänzlichen Bezahlung, nicht nur bis zur Hinterlegung der beschlagnahmten Forderung (JW. 08 S. 113[11]),

1. aus formellen Gründen mit der Behauptung **angefochten werden,** daß die Voraussetzungen für die Zwangsvollstreckung nicht gegeben sind (unzuständiges Vollstreckger., Verstoß gegen §§ 750—752 oder 732 ZPO. usw.) oder daß die Art und Weise der Anordnung eine unzulässige sei, z. B. zufolge Überpfändung, unrichtiger Zu- oder Aberkennung eines Vollstrecksvorrechts, Unrichtigkeiten des Beschlusses, falscher Auslegung des Schuldtitels, falscher Anordnung der Beschlagnahme, z. B. bei Pfändung mehrerer Bezüge oder auf Grund mehrerer Forderungen,

2. aus materiellen Gründen angefochten werden bei Einwendungen gegen die zu vollstreckende oder zu pfändende Forderung. Die ersteren betreffen den Inhalt des Schuldtitels (JW. 00 111) oder richten sich gegen das Bestehen oder Fortbestehen des zuerkannten Anspruches z. B. zufolge Tilgung oder Stundung, Erlaß (§ 775 ZPO.), Pfanddeckung (§ 777 eod. l.) oder bei Erlöschen des Unterhaltsanspruches überhaupt oder in gewisser Höhe (§ 1579 BGB.). — Die zu pfändende Lohn- oder Gehaltsforderung kann von vornherein oder infolge be-

sonderer Umstände (Lohnausfälle, Anstellung auf bestimmte Zeit, S. 118 § 850 Abs. 1 Nr. 8 ZPO. usw.) unpfändbar sein. Hierauf oder auf die Behauptung, daß dem Schuldner infolge der Pfändung der zum Leben notdürftige Unterhalt entzogen sei, oder ihm nicht so viel verbleibe, um seiner gegen die Familie obliegenden Unterhaltspflicht zu genügen, kann sich die Einwendung gegen die Pfändung der Bezüge richten (s. auch S. 105 fg.).

2. die Geltendmachung der formellen und derjenigen materiellen **Einwendungen**, welche sich gegen die zu pfändende Forderung richten, erfolgt gemäß § 766 ZPO. unter Ausschluß der Klage nur durch Einwendung gegen die Art und Weise der Zwangsvollstreckung bei dem Vollstreckungsgerichte, und erst die hierauf erfolgende Entscheidung ist nach § 793 ZPO. mit der sofortigen Beschwerde anzufechten (RG. 16 S. 322). Bei Streitigkeiten über Pfändungsbeschränkungen, welche der Vollstreckungsrichter infolge der widersprechenden Parteiangaben nicht entscheiden kann, hat er die Parteien an das Prozeßgericht zu verweisen (Lisiecki u. Drewes S. 111). — Einwendungen gegen den durch das Urteil festgestellten Anspruch selbst sind, soweit es sich um Feststellung der Unzulässigkeit der Zwangsvollstreckung bzw. deren Aufhebung handelt, nur nach Maßgabe des § 767 ZPO. zu verfolgen. Im übrigen bleibt es aber dem Schuldner vorbehalten, außer dem Verfahren nach diesem Paragraphen das ihm nach dem bürgerlichen Rechte etwa zustehende Klagerecht hinsichtlich des Anspruchs aus dem Urteile und dessen Verfolgung bzw. Beseitigung im ordentlichen Verfahren im allgemeinen oder besonderen Gerichtsstande des Gläubigers durch Entschädigungs- bzw. Bereicherungsklage, actio doli usw. geltend zu machen (Gaupp § 767 V Anm. 56 u. Wilmowsky u. Levy ZPO. Anm. 1 zu § 686 [alt. Fassg.]). — Einwendungen des Dritten, der die vom Pfändungsgläubiger beanspruchte

Forderung diesem oder dem Drittschuldner (Gaupp § 766 III c) gegenüber, gestützt auf ein besseres Recht, für sich in Anspruch nehmen will, sind nur durch Widerspruchsklage nach § 771 ZPO. geltend zu machen. — Unabhängig davon kann der Forderungsprätendent gegen Schuldner und Drittschuldner auch eine materiellrechtliche Klage wegen Verletzung seines Rechts erheben, diese Klage aber auch mit der Widerspruchsklage gegen den Pfändungs-Pfandgläubiger verbinden (JW. 08 S. 113).

3. Antrags- und einwandsberechtigt ist:

a) der Schuldner selbst, gleichviel ob er aus seiner oder der unterhaltspflichtigen Person oder aus der Sache selbst Rechte geltend macht im Umfange und in Gemäßheit der §§ 766, 767 ZPO.,

b) ein Dritter, der ein nicht nur tatsächliches, sondern auch rechtliches Interesse an Aufhebung der einen direkten Eingriff in seine Rechtssphäre enthaltenden Pfändung hat (RG. 50 S. 60fg.), also der nachstehende Pfandgläubiger, insbesondere der Unterhaltsberechtigte konkurrierenden bevorrechtigten oder nicht bevorrechtigten Gläubigern gegenüber (s. S. 87) und auch der Drittschuldner (Arbeitgeber oder Dienstherr), der aus seiner eigenen materiellen Rechtsstellung die Unzulässigkeit der Pfändung mit der Behauptung herleitet, daß er aus der Zeit vor der Pfändung Einwendungen gegen den Schuldner habe (RG. 43 S. 389; JW. 83 S. 119; 89 S. 219), oder daß die gepfändete Forderung dem Schuldner nur formell, ihm selbst aber wirtschaftlich zustände (OLG. VI S. 415), oder daß aus der Natur der gepfändeten Forderung als höchstpersönlicher oder nicht abtretbarer (Dienst- und Arbeitsvergütungen sind es gewöhnlich nicht: wegen Pension s. m. Auff. JW. 08 S. 25) das Forderungsrecht auf seiten des Pfändungsgläubigers nicht entstanden sei (RG. 66 S. 234).

Auch die auf Unzuständigkeit des Vollstreckungsgerichts gegründete Wirkungslosigkeit der Vollstreckungsmaßregel darf der Drittschuldner nach Ansicht des Reichsgerichts dem Pfändungsbeschlusse entgegensetzen (JW. 83 S. 40). — Dagegen ist er nicht mit dem Einwande zu hören, daß die Pfändung zu Unrecht erfolgt sei, weil der Vollstreckungstitel seine Wirksamkeit verloren habe (RG. 38 S. 400).

Die genannten Personen haben ihre Einwendungen je nach deren Verschiedenheit gemäß § 766 oder 771 ZPO. geltend zu machen; wenn ausnahmsweise aber die Voraussetzungen der beiden Paragraphen vorliegen, haben sie das Wahlrecht, und zwar ist die Klage noch nach Abweisung der Erinnerung zulässig (Falkmann Zvollstr. § 35 Nr. 5). — Der Drittschuldner kann daneben die ihm gestatteten Einwendungen auch als Einrede gegenüber der auf Zahlung gerichteten Klage des Gläubigers erheben (ebenso Gaupp § 766 I 3; RG. Bd. 38 S. 400 steht nicht auf anderem Standpunkte, wie Gaupp a. a. O. annimmt).

4. Die Anträge gehen auf Aufhebung des Pfändungsbeschlusses, abgesehen von den Fällen Nr. 2 am Ende (S. 121). Im Falle von Lohnausfällen kann Schuldner auf Grund des § 766 ZPO. auch beantragen, daß die in den nächsten Lohnperioden zur Hebung gelangenden Überschüsse über den im Beschlusse festgesetzten Mindestbetrag der Lohnforderung so lange auf den Lohnausfall der früheren Perioden verrechnet werden, bis der Fehlbetrag gedeckt ist (Bl. f. Rpfl. 05 S. 111 fg.).

Die zur Begründung dienenden Behauptungen sind glaubhaft zu machen.

IV. Die Klage des Pfandgläubigers gegen den Drittschuldner

stellt sich nicht als Schadensklage, sondern als Geltendmachung des dem Kläger überwiesenen Vergütungsanspruches des Schuldners dar (Seuff. Arch. 59 Nr. 117). Der Beklagte, welcher durch die Pfändung nicht schlechter gestellt sein soll als vorher, kann gegen den Kläger aller Einwendungen sich bedienen, welche in dem Schuldverhältnisse, wie es zur Zeit der Pfändung bestand, begründet sind (s. S. 122). — Für die Klage ist kein Gericht ausschließlich örtlich zuständig; sachlich ist es dagegen das Kaufmannsgericht — soweit seine Zuständigkeit überhaupt reicht (§ 4 Kfmger. Ges. v. 6. 7. 04), wenn es sich um einen Anspruch aus dem Dienstverhältnisse zwischen Kaufleuten und ihren Handlungsgehilfen handelt. Entscheidend für die Zuständigkeit dieses Gerichts ist nicht die Person der Parteien, sondern der Rechtsgrund des klagend geltend gemachten Anspruchs. Hingegen ist für die Klage das ordentliche Gericht anzurufen, wenn der Anspruch auf Lohn an sich vor das Gewerbegericht gehört, weil seine Zuständigkeit im Gegensatze zum Kaufmannsgerichte entfällt, falls die Forderung des Arbeiters gegen den Arbeitgeber auf einen Dritten übergeht (RG. 51 S. 193 fg., 55 S. 266).

Anhang II.

Zusammenstellung der Behörden, welchen bei Pfändung der Dienstbezüge (s. S. 126 fg.), Pension, Dispositionsgehalt, laufender Unterstützung und Amtskaution (s. S. 176) der in § 850 Abs. 1 Nr. 8 ZPO. genannten Personen als Drittschuldnern der Pfändungsbeschluß zuzustellen ist.

Das Pfandrecht an der Lohn- und Gehaltsforderung entsteht mit der durch den Gläubiger zu bewirkenden Zustellung des Pfändungsbeschlusses an den Drittschuldner (§ 829 ZPO.). Ist eine Behörde die Drittschuldnerin, so ist der Beschluß deren Vorsteher zuzustellen (§ 171 ZPO.).

Die richtige Bezeichnung dieser Behörde ist von großer Wichtigkeit; ist sie unrichtig, so ist die Pfändung unwirksam, auch wenn der richtige Drittschuldner davon Kenntnis erhalten hat (vgl. Struckmann u. Koch Anm. 4 zu § 829 S. 935). Bei Zustellung des Beschlusses an eine unzuständige Justizbehörde ist zwar das Schriftstück unverzüglich zurückzugeben (J.M.Verf. v. 30. IV. 07). Ob dies Verfahren aber analog von sämtlichen Behörden geübt wird, ist zweifelhaft (vgl. Zentralbl. f. Abgbegstzgbg. 83 S. 98). — Die richtigen Behörden im einzelnen Falle vorsichtig zu ermitteln, ist darum jetzt noch besonders wichtig, weil die Diensteinkünfte der Beamten, welche ein Konto bei einem an den Reichsbankverkehr angeschlossenen Bankhause haben, diesem Konto im Giroverkehre schon an dem dem Fälligkeitstage vorangehenden Werktage und bei Fälligkeit an einem Sonntage an dem zweitvorhergehenden Werktage überwiesen werden, durch unrichtige Bezeichnung der Behörde daher leicht die Pfändung nicht mehr rechtzeitig nachzuholen ist (J.M.Verf. v. 19. XII. 07).

Zur Vertretung des Reichs- oder Staatsfiskus als Drittschuldners bei Pfändung der Dienstbezüge der im § 850 Abs. 1 Nr. 8 Genannten ist grundsätzlich und ausschließlich diejenige Behörde berufen, welche die Bezüge zur Auszahlung anzuweisen hat, nicht die den Schuldner anstellende oder die Bezüge auszahlende Behörde.

Der Nachweis der zum Erlasse der Zahlungsanweisung zuständigen Behörden folgt hier.

Die einzelnen Behörden sind im Sachregister unter ihren offiziellen Bezeichnungen aufgeführt.

AA. Die für die Anweisung des Diensteinkommens in Betracht kommenden Behörden sind:

I. Reichsbehörden.

A. Auswärtiges Amt:

Der Pfändungsbeschluß ist zuzustellen:

bei Pfändung des Diensteinkommens eines Beamten	wem?
1. des Auswärtigen Amtes (der entscheidenden Disziplinarbehörden für die Schutzgebiete)	dem Auswärtigen Amte.
2. der Kaiserl. Gesandtschaften	do.
3. der Konsulate	do.
4. der archäologischen Anstalten	der Zentraldirektion derselben.

B. Reichskolonialamt.

Der Pfändungsbeschluß ist zuzustellen:

bei Pfändung des Diensteinkommens eines Beamten	wem?
1. des Reichskolonialamts a) der Zivilverwaltung b) der Militärverwaltung (Oberkommando der Schutztruppen)	dem Reichskolonialamte
2. der Schutzgebiete (außer Kiautschou s. Marineverwalt.)	do.
3. der Angehörigen der Schutztruppen	do.

C. Militärverwaltung:

I. preußische, wozu auch die **badische** nach der Militärkonvention vom 25. November 1870 zu rechnen ist. Vgl. Verf. d. Justizm. v. 25. Juli 1906 (JMBl. S. 257). Die Zusätze des Verfassers befinden sich in Klammern im Texte.

Lfde. Nr.	Der Pfändungsbeschluß ist zuzustellen:	
	A. Betreffs der aktiven Offiziere und Beamten:	
I.	Den Regimentskommandeuren, den Kommandeuren der selbständigen (nichtregimentierten) Bataillone, dem Kommandeur der Infanterie-Schießschule, dem Präses der Gewehr-Prüfungs-Kommission, dem Kommandeur der Militär-Turnanstalt, den Kommandeuren der Kriegsschulen, der Oberfeuerwerkerschule, der Unteroffizierschulen, der Unteroffiziervorschulen und der Militär-Knaben-Erziehungs-Anstalt, dem Chef des Militär-Reit-	Bei Pfändung des Diensteinkommens der ihnen unterstellten, Gehalt empfangenden Offiziere und Beamten einschließlich der aggregierten Offiziere, jedoch mit Ausnahme der Offiziere bei den Pionier-Bataillonen und der à la suite der Truppenteile stehenden Offiziere. Bemerk.: Bei Pfändung des Diensteinkommens der à la suite der Truppenteile stehenden Offiziere — soweit diese nicht unter II bis IV gehören — und der bei den Pionier-Bataillonen befindlichen Offiziere hat

Lfde. Nr.	Der Pfändungsbeschluß ist zuzustellen:		
	Instituts, den Kommandeuren des Lehr-Regiments der Feldartillerie-Schießschule, der Fußartillerie-Schießschule, dem Vorstande der Versuchsabteilung der Verkehrstruppen, dem Direktor der Militär-Eisenbahn, dem Chef der Versuchskompagnie der Artillerie-Prüfungs-Kommission, dem Inspekteur des Militär-Veterinärwesens, sowie den Kommandeuren der Landwehrbezirke und den Vorständen der Bekleidungsämter.		die Zustellung an das Kriegsministerium (sieh. lfd. Nr. V) zu erfolgen, betreffs der zur Kavallerie-Telegraphenschule gehörigen und der zu ihr kommandierten Offiziere an den Kommandeur des Telegraphen-Bataillons Nr. 1.
II.	Der Militärintendantur des betreffenden Armeekorps (Korpsintendantur) und der Intendantur der Verkehrstruppen.		Bei Pfändung des Diensteinkommens:
		1.	der Regimentskommandeure, der Kommandeure der selbständigen (nichtregimentierten) Bataillone — ausschließlich der Pionier-

Lfde. Nr.	Der Pfändungsbeschluß ist zuzustellen:
	Bataillone [1]) —, der Unteroffizierschulen, der Unteroffiziervorschulen, der Militär-Knaben-Erziehungs-Anstalt, des Lehr-Regiments der Feldartillerie-Schießschule, der Fußartillerie-Schießschule, des Vorstandes der Versuchsabteilung der Verkehrstruppen, des Direktors der Militär-Eisenbahn, des Chefs der Versuchskompagnie der Artillerie-Prüfungs-Kommission sowie der Kommandeure der Landwehrbezirke I, II, III und IV Berlin [2]);
2.	der Platzmajore mit Ausnahme der in Berlin und Potsdam [3]);
3.	der Korps-Generalärzte, der Oberärzte und der Assistenzärzte bei den Sanitätsämtern, der Generaloberärzte, der Garnisonärzte mit Ausnahme der in Berlin und Potsdam [4]), der Chefärzte des 1. und

1) Betreffs d erom-mandeure der Pionier-Bataillone siehe lfde. Nr. V.

2) Wegen der Kommandeure der übrigen Landwehrbezirke gilt lfde. Nr. VI.

3) Wegen der Platzmajore in Berlin und Potsdam siehe lfd. Nr. III 2.

4) Wegen dieser Garnisonärzte

Lfde. Nr.	Der Pfändungsbeschluß ist zuzustellen:		
	siehe laufende Nr. III 3.		2. Garnisonlazaretts in Berlin, der Stabsärzte bei den Sanitäts-Inspektionen, sowie der Korpsstabsapotheker und Stabsapotheker;
		4.	der Beamten der Zahlungsstelle des XIV. Armeekorps;
	[5] Wegen der Militärintendanten und des Vorstandes der Intendantur der Verkehrstruppen siehe lfd. Nr. V.	5.	der Militär-Intendanturbeamten bei den Korps- und Divisions-Intendanturen sowie bei der Intendantur der Verkehrstruppen mit Ausnahme der Militärintendanten[5]) und des Vorstandes der Intendantur der Verkehrstruppen[5]);
	[6] Wegen dieser Garnisonpfarrer und Garnisonküster siehe lfd. Nr. III 5.	6.	der Militäroberpfarrer, der Divisions- und der Garnisonpfarrer, der Divisions- und der Garnisonküster mit Ausnahme der Garnisonpfarrer und der Garnisonküster in Berlin[6]) sowie der Militärhilfsgeistlichen;
		7.	der Militärjustizbeamten (Oberkriegsgerichtsräte, Kriegsgerichtsräte, Mi-

Lfde. Nr.	Der Pfändungsbeschluß ist zuzustellen:		
			litärgerichtsschreiber und Militärgerichtsboten) mit Ausnahme der beim Gouvernement und bei der Kommandantur Berlin[7]);
	[7]) Wegen dieser Beamten siehe lfd. Nr. III 6.	8.	der Korpsstabsveterinäre bei den Generalkommandos;
		9.	der Beamten der Proviantämter und der Armee-Konservenfabriken;
		10.	der Beamten der Garnisonverwaltungen;
		11.	der Beamten des Militärbauwesens mit Ausnahme der der Intendantur der militärischen Institute unterstellten[8]);
	[8]) Wegen dieser Beamten siehe lfd. Nr. III 7.	12.	der Beamten der Garnisonlazarette und der Militärkuranstalten;
		13.	des Lehrers bei der Garnison- (Leopold) Schule in Frankfurt a. Oder.
III.	Der Intendantur der militärischen Institute in Berlin.		Bei Pfändung des Diensteinkommens:
		1.	des Kommandeurs der Infanterie-Schießschule, des Präses der Gewehr-Prüfungs-Kommission,

Lfde. Nr.	Der Pfändungsbeschluß ist zuzustellen:		
			des Kommandeurs der Militär-Turnanstalt;
		2.	der Platzmajore in Berlin und Potsdam;
		3.	der Garnisonärzte in Berlin und Potsdam;
		4.	der Militär-Intendanturbeamten bei der Intendantur zu III mit Ausnahme des Militärintendanten [9]);
	[9]) Wegen des Militärintendanten siehe lfd. Nr. V.	5.	der Garnisonpfarrer und Garnisonküster in Berlin;
		6.	der Militärjustizbeamten beim Gouvernement und bei der Kommandantur Berlin;
		7.	der der Intendantur zu III unterstellten Beamten des Militärbauwesens.
IV.	Dem Feldzeugmeister.		Bei Pfändung des Diensteinkommens:
	[10]) Wegen des Feldzeugmeisters siehe lfd. Nr. V.	1.	der Offiziere und Beamten der Feldzeugmeisterei mit Ausnahme des Feldzeugmeisters [10]), jedoch einschließlich der Inspizienten der Waffen, des Feld- und Fußartilleriematerials

Lfde. Nr.	Der Pfändungsbeschluß ist zuzustellen:		
			sowie des Truppen- und Trainfeldgeräts;
		2.	der Offiziere und Beamten der Inspektionen der technischen Institute der Infanterie und der Artillerie, der Gewehrfabriken, der Munitionsfabriken, des Artillerie-Konstruktionsbureaus, der Artilleriewerkstätten, der Geschützgießerei, der Geschoßfabrik, der Feuerwerkslaboratorien, der Pulverfabriken und des Militärversuchsamts;
		3.	der Offiziere und Beamten der Artillerie-depot-Inspektionen, der Artilleriedepot-Direktionen und der Artilleriedepots;
		4.	der Offiziere der Train-Inspektion, der Traindirektionen und der Traindepots.
V.	Dem Kriegsministerium.		Bei Pfändung des Diensteinkommens sämtlicher übrigen unter lfd. Nr. I, II, III und IV nicht einbegriffenen Offiziere

Lfde. Nr.	Der Pfändungsbeschluß ist zuzustellen:		
			und Beamten der Militärverwaltung [insbesondere des Kriegsministerii, des Generalauditoriats, der Kriegsakademie, d. Generalinspektion des Militär-Erziehungs- und Bildungswesens, der vereinigten Artillerie- und Ingenieurschule, d. Kadettenkorps, des Invalidenhauses, des Generalstabs der Armee, der Verwaltung des Zeughauses, des Geheimen Kabinetts Sr. Majestät des Kaisers und Königs für die Militärangelegenheiten, der Beamten des Reichsmilitärgerichts].

B. Betreffs der Pension zc. beziehenden Offiziere und Beamten:

VI.	1. derjenigen Behörde, auf deren Anweisung die nebenstehend aufgeführten Personen ihre Pensions- usw. Gebührnisse empfangen. 2. Die anweisenden Behörden sind:		Bei Pfändung der Pension und des sonstigen aus Reichsmilitärfonds fließenden Einkommens:
		1.	der sämtlichen mit Pension zur Disposition gestellten Offiziere und Militärbeamten;

Lfde. Nr.	Der Pfändungsbeschluß ist zuzustellen:		
	a) für Preußen die Regierungen; b) für die aus der Militär-Pensionskasse in Berlin ihre Pensionsgebührnisse empfangenden Personen das Polizei-Präsidium in Berlin; c) für das Großherzogtum Baden die Intendantur des XIV. Armeekorps in Karlsruhe; d) für Elsaß-Lothringen das Ministerium für Elsaß-Lothringen in Straßburg i. Els. 3. Gewöhnlich — aber nicht immer — empfangen die Betreffenden ihre Pensionsgebührnisse auf Anweisung derjenigen Behörde, in deren Bezirke sie wohnen. 4. Außerdem erstreckt sich der Geschäftskreis der Regierung in Cassel auf die im	2. 3.	der sämtlichen auf Wartegeld gesetzten Beamten der Militärverwaltung; der sämtlichen mit Pension gänzlich verabschiedeten Offiziere und Beamten der Militärverwaltung.

Lfde. Nr.	Der Pfändungsbeschluß ist zuzustellen:		
	Königreiche Bayern, Großherzogtume Hessen, Fürstentume Waldeck u. Pyrmont, Liegnitz auf die im Königreiche Sachsen, Wiesbaden auf die im Königreiche Württemberg, Erfurt auf die im Großherzogtume Sachsen-Weimar, in den Herzogtümern Sachsen-Coburg und Gotha, Sachsen-Altenburg, Sachsen-Meiningen, den Fürstentümern Schwarzburg-Rudolstadt und Sondershausen, Schleswig auf die in den Großherzogtümern Mecklenburg-Schwerin und -Strelitz, in den freien Städten Hamburg, Lübeck und Bremen, Aurich auf die im Großherzogt. Oldenburg, Magdeburg auf die in den Herzogtümern		

Lfde. Nr.	Der Pfändungsbeschluß ist zuzustellen:		
	Braunschweig und Anhalt, Minden auf die in den Fürstentümern Lippe und Schaumburg-Lippe, Merseburg auf die in den Fürstentümern Reuß wohnenden preuß. Militärpensionäre.		

C. Betreffs der Hinterbliebenen von Personen des Soldatenstandes und Beamten: [11])

Lfde. Nr.	Der Pfändungsbeschluß ist zuzustellen:		
VII.	Dem Kriegsministerium. [11]) Werden neben den unter lfd. Nr. VII aufgeführten Bezügen auch solche der unter Anmerkung a und b bezeichneten Art gepfändet, so muß sich, wenn die Pfändung wirksam sein soll, der Pfändungs- und Überweisungsbeschluß auf sämtliche gepfändeten Bezüge erstrecken und sowohl gegen den Reichs- (Militär-) Fiskus, vertreten		Bei Pfändung des aus Militärfonds fließenden Einkommens (Witwengeld, Waisengeld, Unfallrenten, gesetzliche Beihilfen) der Hinterbliebenen von Personen des Soldatenstandes und von Beamten der Militärverwaltung.

Lfde. Nr.	Der Pfändungsbeschluß ist zuzustellen:	
	durch das Preußische Kriegsministerium, als gegen die Generaldirektion der Königlich Preuß. Militärwitwenpensionsanstalt bzw. das Direktorium der Hannoverschen Offizierwitwenkasse gerichtet u. diesen Behörden zugestellt werden.	

Anmerkung. Der Pfändungsbeschluß ist ferner zuzustellen:

a) der Generaldirektion der Königlich Preußischen Militärwitwenpensionsanstalt in Berlin
bei Pfändung der an Hinterbliebene von Personen des Soldatenstandes und von Beamten der Militärverwaltung durch die Militärwitwenkasse in Berlin zahlbaren Pensionen aus
1. der Preußischen Militärwitwenpensionsanstalt,
2. der Kurhessischen Militärwitwen- und Waisenanstalt,
3. der Nassauischen Militärwitwen- und Waisenkasse,
4. der vormals Hannoverschen Unteroffizierwitwenkasse,
5. der Unteroffizierwitwenkasse des Mecklenburg-Schwerinschen Kontingents;

b) dem Direktorium der Hannoverschen Offizierwitwenkasse in Hannover
bei Pfändung der an Hinterbliebene von Personen des Soldatenstandes und von Beamten der Militärverwaltung zahlbaren Pensionen aus der Hannoverschen Offizierwitwenkasse.

c) den Regimentskommandeuren
bei Pfändung der den Unteroffizieren gewährten Dienstprämien (s. S. 71).

II. bayerische. Vgl. Verf. d. Justizmin. vom 13. November 1906 (JMBl. S. 542).

Der Pfändungsbeschluß ist zuzustellen:			
1 Lfde. Nr.	2 wem?		3 bei Pfändung
			A. des Diensteinkommens
I.	Den Militär-Intendanturen der betreffenden Armeekorps. Zu 1. Die Reihenfolge bemißt sich nach der Einteilung des Haupt-Militär-Etats. Zu 2. Wegen der Ausnahme siehe A. VI.	1.	der Beamten der Korps-Zahlungsstellen,
		2.	der Beamten der Militärintendanturen bei den Korps- und Divisionsintendanturen mit Ausnahme der Militärintendanten,
		3.	der Militärjustizbeamten (Oberkriegsgerichtsräte, Kriegsgerichtsräte, Militärgerichtsschreiber und Militärgerichtsboten),
		4.	der Adjutanten der General- und Divisionskommandos, dann der Brigadekommandos,

Der Pfändungsbeschluß ist zuzustellen:

1 Lfde. Nr.	2 wem?	3 bei Pfändung	
	Zu 5. Wegen der Ausnahme siehe A. VI.	5.	derjenigen Kommandanten, welche nicht Generale sind,
		6.	der Platzmajore und der Adjutanten der Festungs-Gouvernements und der Kommandanturen,
		7.	der Regimentskommandeure,
		8.	der Bataillons- und Abteilungskommandeure sowie der Detachementsführer,
	Zu 9. Wegen der Ausnahme siehe A. VI.	9.	der sämtlichen nicht regimentierten Militärärzte (mit Ausnahme jener des Kriegsministeriums),
		10.	der Korpsstabsveterinäre,
		11.	der Beamten der Proviantämter,
		12.	der Beamten der Garnisonverwaltungen,
	Zu 13. Wegen der Ausnahme siehe A. II,[1] und VI.	13.	der Beamten des Militärbauwesens (mit Ausnahme jener des Kriegsministeriums und der Intendantur der militärischen Institute),

Der Pfändungsbeschluß ist zuzustellen:

1 Lfde. Nr.	2 wem?		3 bei Pfändung
		14.	der Korpsstabs- und Stabsapotheker,
		15.	der Beamten der Garnisonlazarette,
		16.	der Offiziere des Traindepots (mit Ausnahme des Traindepotoffiziers bei der Artillerie- und Traindepotdirektion),
		17.	des Vorstandes der Arbeiterabteilung;
II.	Der Intendantur der militärischen Institute. Zu 1. Wegen der Ausnahme siehe A. VI.	1.	der Militär-Intendanturbeamten bei dieser Intendantur und der ihr unterstellten Beamten des Militärbauwesens (mit Ausnahme des Ober-Intendanturrats),
	Zu 2. Wegen der Ausnahme siehe A. VI.	2.	der Offiziere — soweit sie nicht Generale sind — und des Arztes der Leibgarde der Hartschiere,
		3.	des Kommandeurs der Equitationsanstalt,
	Zu 4. Wegen der Ausnahme siehe A. VI.	4.	der Artillerieoffiziere vom Platz sowie der Zeug- und Feuerwerksoffiziere (mit Ausnahme jener

Der Pfändungsbeschluß ist zuzustellen:			
1 Lfde. Nr.	2 wem?		3 bei Pfändung
			bei der Inspektion der technischen Institute und der Artillerie- und Traindepotdirektion),
		5.	des Kommandeurs der Unteroffizierschule,
		6.	des Kommandeurs der Militärschießschule,
		7.	des technischen Vorstandes der Militärlehrschmiede,
		8.	der Offiziere und des Rendanten der militärischen Strafanstalten,
		9.	der Offiziere, Beamten und Bediensteten der technischen Institute (Artilleriewerkstätten, Geschützgießerei und Geschoßfabrik, Hauptlaboratorium, Pulverfabrik, Gewehrfabrik) und der Oberfeuerwerkerschule,
		10.	des Festungsbaupersonals bei den Festungsbaukassen in Ingolstadt und Germersheim;
III.	Den Regimentskommandeuren, den Kommandeuren der		der ihnen unterstellten Gehalt empfangenden Offiziere und Beamten;

Der Pfändungsbeschluß ist zuzustellen:

1 Lfde. Nr.	2 wem?	3 bei Pfändung
	selbständigen (nicht regimentierten) Bataillone, den Detachementsführern, dem Kommandeur der Equitationsanstalt, dem Kommandeur der Unteroffizierschule und dem Kommandeur der Militärschießschule, dem Kommandeur der Luftschifferabteilung, dem Führer des Telegraphendetachements sowie den Vorständen der Bekleidungsämter.	Zu III. Wegen der Abzüge von den Gehältern jener Offiziere usw., welche vorübergehend zu anderen Abteilungen kommandiert sind, haben die Zustellungen en den Kommandeur usw. jener Abteilung, zu der sie ständig gehören (Stammabteilung), zu geschehen.
IV.	der Remonte-Inspektion.	der Beamten der Remontedepots und der Remontenanstalt;
V.	Der Inspektion der Militär-Bildungsanstalten. Zu V. Wegen der Ausnahme siehe A. VI.	der sämtlichen Offiziere, Aerzte, Beamten und Zivillehrer der Militär-Bildungsanstalten (mit Ausnahme des Inspekteurs);

Der Pfändungsbeschluß ist zuzustellen:

1 Lfde. Nr.	2 wem?		3 bei Pfändung
	Im übrigen vgl. Bemerkung zu A. III, welche hier gleichmäßige Anwendung findet.		
VI.	Dem Kriegsministerium.		sämtlicher übrigen, unter den Nummern A. I mit V nicht einbegriffenen Offiziere und Beamten der Militärverwaltung.
			B. der Pension und des sonstigen aus Militärfonds fließenden Einkommens:
	Dem Kriegsministerium. (Die Abzüge der Pensionisten usw. werden in allen Fällen vom Kriegsministerium festgesetzt, auch wenn sie in der Armee aktive Dienste leisten.)	1.	der sämtlichen mit Pension zur Disposition gestellten oder verabschiedeten Offiziere,
		2.	der sämtlichen auf Inaktivitätsgehalt oder Wartegeld gesetzten Offi-

Der Pfändungsbeschluß ist zuzustellen:			
1 Lfde. Nr.	2 wem?		3 bei Pfändung
			ziere und Beamten der Militärverwaltung,
		3.	der zeitlich oder für immer in den Ruhestand versetzten Beamten der Militärverwaltung, sowie der quieszierten Zivillehrer der Militär-Bildungsanstalten.
			C. des aus Militärfonds fließenden Einkommens (Witwenpensionen, Witwengeld, Waisenunterhaltungsbeitrag, Waisengeld, Unfallrenten, gesetzliche Beihilfen):
	Dem Kriegsministerium.		der Hinterbliebenen von Personen des Soldatenstandes und von Beamten der Militärverwaltung.

III. sächsische. Vgl. Verf. d. Justizmin. vom 13. November 1906 (JMBl. S. 542).

Lfde. Nr.	Der Pfändungsbeschluß ist zuzustellen:		
	A. Betreffs der aktiven Offiziere und Beamten:		
I.	den Regimentskommandeuren, den Kommandeuren der selbständigen (nicht regimentierten) Bataillone, der Unteroffizierschule und der Unteroffiziervorschule, sowie den Kommandeuren der Landwehrbezirke und den Vorständen der Bekleidungsämter.		Bei Pfändung des Diensteinkommens der ihnen unterstellten, Gehalt empfangenden Offiziere und Beamten einschließlich der aggregierten Offiziere, jedoch mit Ausnahme der à la suite der Truppenteile stehenden Offiziere. (Bei Pfändung des Diensteinkommens der à la suite der Truppenteile stehenden Offiziere hat die Zustellung an das Kriegsministerium (siehe lfd. Nr. III) zu erfolgen.)
II.	der Militärintendantur des betreffenden Armeekorps (Korpsintendantur).		Bei Pfändung des Diensteinkommens:
		1.	der Regimentskommandeure, der Kommandeure der selbständigen (nichtregimentierten) Bataillone, der Unteroffizierschule und der Unteroffiziervorschule;

Lfde. Nr.	Der Pfändungsbeschluß ist zuzustellen:		
		2.	der Platzmajore;
		3.	der Korpsgeneralärzte, der Oberärzte und der Assistenzärzte bei den Sanitätsämtern, der Generaloberärzte, der Garnisonärzte, sowie der Korpsstabsapotheker und Stabsapotheker;
	Zu 4. Wegen der Militärintendanten siehe lfd. Nr. III.	4.	der Militär-Intendanturbeamten bei den Korps- und Divisions-Intendanturen mit Ausnahme der Militär-Intendanten;
		5.	der Militäroberpfarrer, der Divisions- und der Garnisonpfarrer, sowie der Divisions- und der Garnisonküster;
		6.	der Militärjustizbeamten (Oberkriegsgerichtsräte, Kriegsgerichtsräte, Militärgerichtsschreiber und Militärgerichtsboten);
		7.	der Korpsstabsveterinäre;
		8.	der Beamten der Proviantämter;
		9.	der Beamten der Garnisonverwaltungen;
		10.	der Beamten des Militärbauwesens;

Lfde. Nr.	Der Pfändungsbeschluß ist zuzustellen:		
		11.	der Beamten der Garnisonlazarette.
III.	dem Kriegsministerium.		Bei Pfändung des Diensteinkommens sämtlicher übrigen unter lfd. Nr. I und II nicht einbegriffenen Offiziere und Beamten der Militärverwaltung.
	B. Betreffs der Pension usw. beziehenden Offiziere und Beamten:		
IV.	1. derjenigen Behörde, auf deren Anweisung die nebenstehend aufgeführten Personen ihre Pensions- usw. Gebührnisse empfangen.		Bei Pfändung der Pension und des sonstigen aus Reichsmilitärfonds fließenden Einkommens;
	2. Die anweisenden Behörden sind:		
	a) das Kriegsministerium. (und zwar auch insoweit als sie außerhalb Sachsens wohnen.)	1.	der mit Pension zur Disposition gestellten Offiziere und oberen Militärbeamten;
		2.	der auf Wartegeld gesetzten oberen Beamten der Militärverwaltung;

Lfde. Nr.	Der Pfändungsbeschluß ist zuzustellen:		
	(und zwar auch insoweit als sie außerhalb Sachsens wohnen.) b) die Militär-Intendantur des Armeekorps (Korps-Intendantur), in dessen Bereiche die Betreffenden wohnen. 3. Gewöhnlich — aber nicht immer — empfangen die vorstehend unter 2 b Genannten ihre Pensionsgebührnisse auf Anweisung derjenigen Korps-Intendantur, in deren Bezirke sie wohnen. 4. Außerdem erstreckt sich der Geschäftskreis der Intendantur des XII. (1. K. S.) Armeekorps:	3.	der mit Pension gänzlich verabschiedeten Offiziere und oberen Beamten der Militärverwaltung. Der auf Wartegeld gesetzten oder mit Pension gänzlich verabschiedeten unteren Beamten der Militärverwaltung.

Lfde. Nr.	Der Pfändungsbeschluß ist zuzustellen:	
	auf alle außerhalb Sachsens wohnenden sächsischen, auf Wartegeld gesetzten oder mit Pension gänzlich verabschiedeten unteren Beamten der Militärverwaltung.	
	C. Betreffs der Hinterbliebenen von Personen des Soldatenstandes und Beamten:	
V.	1. derjenigen Behörde, auf deren Anweisung die nebenstehend aufgeführten Personen ihre Pensions- usw. Gebührnisse empfangen.	Bei Pfändung des aus Militärfonds fließenden Einkommens (Witwen- und Waisenpension aus der Königlich Sächsischen Militär-Witwen- und Waisenkasse, Witwengeld, Waisengeld, Unfallrenten, gesetzliche Beihilfen der Hinterbliebenen.
	2. Die anweisenden Behörden sind: a) das Kriegsministerium.	Von Offizieren und oberen Beamten der Militärverwaltung, und zwar auch insoweit als

Lfde. Nr.	Der Pfändungsbeschluß ist zuzustellen:		
	b) die Militär-Intendantur des Armeekorps (Korps-Intendantur), in dessen Bereiche die Betreffenden wohnen. 3. Gewöhnlich — aber nicht immer — empfangen die vorstehend unter 2b Genannten ihre Pensionsgebührnisse auf Anweisung derjenigen Korps-Intendantur, in deren Bezirke sie wohnen. 4. Außerdem erstreckt sich der Geschäftskreis der Intendantur des XII. (1. K. S.) Armeekorps: auf alle außerhalb Sachsens		die Hinterbliebenen außerhalb Sachsens wohnen. Von Personen des Unteroffizier- und Soldatenstandes sowie von unteren Beamten der Militärverwaltung.

Lfde. Nr.	Der Pfändungsbeschluß ist zuzustellen:		
	wohnenden Hinterbliebenen von Personen des Unteroffizier- und Soldatenstandes sowie von unteren Beamten der sächsischen Militärverwaltung.		

IV. württembergische. Vgl. Verf. d. Justizmin. vom 13. November 1906 (JMBl. S. 542).

Lfde. Nr.	Der Pfändungsbeschluß ist zuzustellen:		
	A. Betreffs der aktiven Offiziere und Beamten:		
I.	Den Regimentskommandeuren, den Kommandeuren der selbständigen (nicht regimentierten) Bataillone, den Kommandeuren der Landwehrbezirke und dem Vorstande des Bekleidungsamts.		Bei Pfändung des Diensteinkommens der ihnen unterstellten, Gehalt empfangenden Offiziere und Beamten einschließlich der Sanitätsoffiziere des Pionier-Bataillons Nr. 13, sodann der aggregierten Offiziere, dagegen mit Ausschluß der Offiziere bei dem Pionier-Bataillon Nr. 13

Lfde. Nr.	Der Pfändungsbeschluß ist zuzustellen:		
			und der à la suite der Truppenteile stehenden Offiziere.
			(Bei Pfändung des Diensteinkommens der bei dem Pionier-Bataillon Nr. 13 befindlichen Offiziere hat die Zustellung an die Militär-Intendantur des Armeekorps (s. A. II) und in betreff der à la suite der Truppenteile stehenden Offiziere, soweit dieselben nicht A. II gehören, an das Kriegsministerium (s. A. IV) zu erfolgen.)
			Bei Pfändung des Diensteinkommens:
II.	Der Militär-Intendantur des Armeekorps (Korps-Intendantur). [Zu Ziffer 3, 4 u. 6. Bezüglich des Platzmajors, des Garnisonarztes, der Garnisonpfarrer und Garnisonküster der Festung Ulm linken Ufers hat	1.	der Regimentskommandeure, der Kommandeure der selbständigen (nicht regimentierten) Bataillone und des Vorstandes des Bekleidungsamts;
		2.	der Offiziere bei dem Pionier-Bataillon Nr. 13;
		3.	der Platzmajore;
		4.	des Korpsgeneralarztes und des Oberarztes

Lfde. Nr.	Der Pfändungsbeschluß ist zuzustellen:		
	die Zustellung an die Militär-Intendantur des XIV. Armeekorps in Karlsruhe zu erfolgen.]		oder Assistenzarztes bei dem Sanitätsamte, der Generaloberärzte, der Garnisonärzte, sowie des Korpsstabsapothekers und Stabsapothekers;
	[1]) Wegen des Militär-Intendanten siehe A. IV.	5.	der Militär-Intendanturbeamten mit Ausnahme des Militär-Intendanten; [1])
		6.	der Garnisonpfarrer und Garnisonküster in Absicht auf ihre Bezüge aus Militärfonds;
		7.	der Militärjustizbeamten (Oberkriegsgerichtsräte, Kriegsgerichtsräte, Militärgerichtsschreiber und Militärgerichtsboten);
		8.	des Korpsstabsveterinärs beim Generalkommando;
		9.	der Beamten der Proviantämter;
		10.	der Beamten der Garnisonverwaltungen;
		11.	der Beamten des Militärbauwesens;
		12.	der Beamten der Garnisonlazarette.

Lfde. Nr.	Der Pfändungsbeschluß ist zuzustellen:		
III.	Dem Chef der Abteilung für Waffen und Feldgerät im Kriegsministerium.		Bei Pfändung des Diensteinkommens:
		1.	der Offiziere und Beamten des Artilleriedepots;
		2.	der Offiziere des Traindepots.
IV.	Dem Kriegsministerium.		Bei Pfändung des Diensteinkommens sämtlicher übrigen unter den Nummern A. I—III nicht einbegriffenen Offiziere und Beamten der Militärverwaltung.
	B. Betreffs der Pension usw. beziehenden Offiziere und Beamten:		
	Dem Kriegsministerium.		Bei Pfändung der Pension und des sonstigen aus Reichsmilitärfonds fließenden Einkommens:
		1.	der sämtlichen mit Pension zur Disposition gestellten Offiziere und Militärbeamten;
		2.	der sämtlichen auf Wartegeld gesetzten Beamten der Militärverwaltung;

Lfde. Nr.	Der Pfändungsbeschluß ist zuzustellen:		
		3.	der sämtlichen mit Pension gänzlich verabschiedeten Offiziere und Beamten der Militärverwaltung.
	C. Betreffs der Hinterbliebenen von Personen des Soldatenstandes und von Beamten:		
I.	Dem Kriegsministerium.		Bei Pfändung des aus Militärfonds fließenden Einkommens (Witwen- und Waisenpension, Witwen- und Waisengeld, Unfallrenten, gesetzliche Beihilfen) der Hinterbliebenen von Personen des Soldatenstandes und von Beamten der Militärverwaltung.

D. Marineverwaltung.

Vgl. Verf. des Justizministers vom 20. VII. 07 (JMBl. S. 481), welche der Übersichtlichkeit halber hier anders angeordnet wiedergegeben wird.

Lfde. Nr.	Der Pfändungsbeschluß ist zuzustellen:		
I.	**bei Pfändung des Diensteinkommens:** 1. der Admirale, der zum Marinekabinett, zum Oberkommando und zum Reichsmarineamt versetzten oder kommandierten Offiziere [1]) und Deckoffiziere und der bei diesen Behörden befindlichen Beamten sowie der zu auswärtigen Botschaften und Gesandtschaften kommandierten Seeoffiziere und der Marineintendanten.	1.	dem Staatssekretär des Reichsmarineamts.
	2. der nach Kiautschou versetzten oder kommandierten aus dem Kiautschouetat besoldeten Offiziere, Deckoffiziere und Beamten, ausschließlich	2.	dem Kaiserlichen Gouvernement von Kiautschou.

[1]) Zu den Offizieren im Sinne dieser Bestimmungen gehören alle Dienstgrade der Seeoffiziere, der Offiziere der Marineinfanterie, der Feuerwerks-, Zeug- u. Torpedooffiziere, der Marine- u. Torpedoingenieure und der Sanitätsoffiziere.

Lfde. Nr.	Der Pfändungsbeschluß ist zuzustellen:		
	der auf Heimatsurlaub befindlichen.		
	3. der zu den Werften gehörigen Offiziere und Beamten.	3.	der Kaiserlichen Werft derjenigen Station, welcher der Betreffende angehört.
	4. aller übrigen unter 1—3 nicht aufgeführten im aktiven Dienste befindlichen Offiziere, Deckoffiziere und Beamten.	4.	der Kaiserlichen Intendantur derjenigen Station, welcher der Betreffende angehört oder zur Besoldungsabfindung überwiesen ist (Kiel, Wilhelmshaven).
II.	**bei Pfändung des aus Marinefonds und aus Fonds d. Schutzgebiets Kiautschou fließenden Einkommens** (Witwengeld, Waisengeld, Unfallrenten und gesetzlichen Beihilfen) der Hinterbliebenen von Personen des Soldatenstandes und von Beamten der Marineverwaltung u.		dem Staatssekretär des Reichsmarineamts.

Lfde. Nr.	Der Pfändungsbeschluß ist zuzustellen:	
	des Schutzgebiets Kiautschou.	
III.	**bei Pfändung der Pension und des sonstigen aus Marinefonds fließenden Einkommens:** a) der sämtlichen mit Pension zur Disposition gestellten Offiziere u. Marinebeamten; b) der sämtlichen auf Wartegeld gesetzten Beamten der Marineverwaltung; c) der sämtlichen mit Pension gänzlich verabschiedeten Offiziere, Deckoffiziere und Beamten der Marineverwaltung, sowie bei Pfändung der Versorgungsgebührnisse von Mannschaften.	derjenigen Behörde, welche die Pensions- und Versorgungsgebührnisse anweist (s. Pr. Militärverw. S. 134 des Buches).
IV.	**bei Pfändung der an Hinterbliebene von Personen des Soldaten-**	der Generaldirektion der Königlich Preußischen Militärwitwenpensionsanstalt in Berlin.

Lfde. Nr.	Der Pfändungsbeschluß ist zuzustellen:		
	standes und Beamten durch die Militärwitwenkasse zu Berlin zahlbaren Pensionen.		

E. Reichsamt des Innern.

Der Pfändungsbeschluß ist zuzustellen:

bei Pfändung des Diensteinkommens eines Beamten	
1. des Reichsamtes selbst	dem Staatssekretär.
2. der Reichskommissionen (für Schule, Arbeiterstatistik, Auswanderung, Seeschiffahrt)	do.
3. des Schiffsvermessungsamtes	do.
4. der entscheidenden Disziplinarbehörden	do.
5. der Behörden für Untersuchung von Seeunfällen	do.
6. der Reichs-Prüfungsinspektionen	do.
7. des Statistischen Amts	do.
8. des Kanalamts	do.
9. des Bundesamts für das Heimatswesen	dessen Präsidenten.
10. des Patentamts	do.

11. des Reichs-Versicherungsamts	dessen Präsidenten.
12. des Reichsgesundheitsamts	do.
13. der physikalisch-technischen Reichsanstalt	do.
14. des Aufsichtsamts für Privatversicherung	do.
15. des Reichstages	do.

F. Reichs-Justizamt.

Der Pfändungsbeschluß ist zuzustellen:

bei Pfändung des Diensteinkommens eines Beamten	
1. des Reichs-Justizamts	dem Staatssekretär.
2. des Reichsgerichts, nämlich der Mitglieder desselben, der Reichsanwälte und der Unterbeamten	dem Chefpräsidenten des Reichsgerichts.

G. Reichsschatzamt.

Der Pfändungsbeschluß ist zuzustellen:

bei Pfändung des Diensteinkommens eines Beamten	
1. des Reichsschatzamts	dem Staatssekretär.
2. der Reichsschulden-Verwaltung	dem Präsidenten derselben.

H. Rechnungshof des Deutschen Reichs.

Der Pfändungsbeschluß, welcher das Diensteinkommen eines Beamten desselben betrifft, ist dessen Präsidenten zuzustellen.

I. Reichspost.

Bei Pfändung des Gehalts der Beamten des Reichspostamts selbst, zu welchem auch diejenigen der Postanstalten in den Deutschen Schutzgebieten und Deutschen Postanstalten im Auslande, sowie der Reichsdruckerei zählen, ist der Pfändungsbeschluß dem Reichspostamte zuzustellen.

Bezüglich der sämtlichen anderen Post-, Telegraphen-, Telephonbeamten ist derselbe den Oberpostdirektionen zuzustellen (Allgem. Dienstanweis. f. Post. und Telegr. Absch. I § 6, X Abs. 2 § 207); diese sind in Aachen, Berlin, Braunschweig, Bremen, Breslau, Bromberg, Cassel, Chemnitz, Coblenz, Cöln, Cöslin, Danzig, Darmstadt, Dortmund, Dresden, Düsseldorf, Erfurt, Frankfurt (Main) und Frankfurt (Oder), Gumbinnen, Halle, Hamburg, Hannover, Karlsruhe, Kiel, Königsberg (Preußen), Konstanz, Leipzig, Liegnitz, Magdeburg, Metz, Minden, Münster, Oldenburg, Oppeln, Posen, Potsdam, Schwerin, Stettin, Straßburg (Elsaß), Trier. (Vgl. a. a. O. I § 2.)

K. Reichsbank.

Das Diensteinkommen sämtlicher Reichsbank-Beamten, einschließlich der Mitglieder des Reichsbank-Direktoriums, bei der Reichs-Hauptbank zu Berlin und den Reichsbank-Hauptstellen, Reichsbankstellen und Reichsbank-Nebenstellen wird auf Anweisung des Präsidenten des Reichsbank-Direktoriums durch die Kassen der Reichsbank ausgezahlt. Diesem ist daher der Pfändungsbeschluß zuzustellen.

L. Reichs-Eisenbahnamt.

Das Amt (lediglich Aufsichtsbehörde; Ggsä. die Eisenbahndirektionen S. 174) erteilt die Anweisung der Dienstbezüge seiner Beamten aller Klassen selbst; ihm sind daher auch die Pfändungsbeschlüsse zuzustellen.

M. Reichs-Invalidenverwaltung.

Das Diensteinkommen der sämtlichen Beamten der Verwaltung des Reichs-Invalidenfonds wird durch den Vorsitzenden desselben zur Zahlung aus der Reichshauptkasse angewiesen. — Diesem ist daher auch der Pfändungsbeschluß zuzustellen.

II. Staatsbehörden,

von denen hier nur die **preußischen** berücksichtigt werden konnten.

A. Ministerium des Königlichen Hauses.

Dem Minister des Königlichen Hauses ist der Pfändungsbeschluß zuzustellen, der die Beamten des Ministerii und aller von demselben ressortierenden Aemter, Behörden, Verwaltungen (s. Adreßbuch von Berlin Bd. II), auch des Ober-Hofmarschallamtes, der Hofstaaten, des Marstalls, Jagdamtes betrifft (über die Beamtenqualität dieser Personen s. S. 68); dem Vorsitzenden des Geheimen Zivilkabinetts und dem Chef der Königlichen Schauspiele (Generalintendanten) ist der Beschluß zuzustellen, soweit er die Angestellten dieser Ressorts angeht.

(Wegen der Beamten des Militärkabinetts s. S. 134, des Kabinetts s. Marineangelegenheiten s. S. 157).

B. Staatsministerium.

Der Pfändungsbeschluß ist zuzustellen:

Bei Pfändung des Diensteinkommens eines Beamten	wem?
1. des Ministerii	dem Präsidenten des Ministeriums.
2. der Generalordenskommission	do.
3. der Staatsarchive	do.
4. des Gesetzsammlungsamtes	do.
5. des Disziplinarhofes für nicht richterliche Beamte	dem Saatsministerium.
6. der Prüfungskommission für höhere Verwaltungsbeamte	dem Saatsministerium.
7. des Gerichtshofes zur Entscheidung der Kompetenzkonflikte	dem Saatsministerium.
8. der Ansiedelungskommission	dem Saatsministerium.
9. des literarischen Bureaus	dem Saatsministerium.
10. des Oberverwaltungsgerichts	dessen Präsidenten.

C. Ministerium der auswärtigen Angelegenheiten.

(Vgl. Reichsbehörden: Auswärtiges Amt.)

Der Pfändungsbeschluß ist zuzustellen:

Bei Pfändung des Diensteinkommens eines Beamten	wem?
1. des Ministerii	dem Minister.
2. der Kgl. preuß. Gesandtschaften bei den Bundesstaaten	do.
3. der Kgl. preuß. Konsulate bei den Bundesstaaten	do.

D. Finanzministerium.

Der Pfändungsbeschluß ist zuzustellen:

Bei Pfändung des Diensteinkommens eines Beamten	wem?
1. des Finanzministerii	dem Finanzminister.
2. des Generalinspektors des Katasters	do.
3. der Seehandlung nebst Kgl. Leihamt	do.
4. der Generalstaatskasse	do.
5. der Zentralgenossenschaftskasse	do.
6. der Oberrechnungskammer	deren Präsidenten.
7. der Hauptverwaltung der Staatsschulden	do.
8. des Oberpräsidiums	dem Oberpräsidenten.
9. der Königl. Regierungen und Landratsämter (einschließlich der Hilfsbeamten)	dem Regierungspräsidenten.
10. eines Mitgliedes des Provinzialrats, Bezirksausschusses, Kreisausschusses	deren Vorsitzenden.
11. der Ministerial-, Militär- und Baukommission	do.
12. der Oberzolldirektionen, der Haupt- und Nebenzollämter, der Hauptsteuerämter und Steuerämter	dem Präsidenten d. Oberzolldirektion. (Ges. v. 7. III. 08 Allerh. Erl. v. 15. I. 08.)

Der Pfändungsbeschluß ist zuzustellen:

Bei Pfändung des Diensteinkommens eines Beamten	wem?
13. der Katasterämter, auch der Kontrolleure u. Inspektoren	der betreffenden Bezirksregierung.
14. der Provinzialverwaltung (Landesdirektor, Deputierte, Landesrat, -Baurat, Kassen, Bureaus, Institute)	dem Provinzialausschusse.
15. der Kreise (Landrat, Deputierte, Kreisausschußbureaus usw.)	dem Kreisausschusse.

E. Ministerium der geistlichen, Unterrichts- und Medizinalangelegenheiten.

Der Pfändungsbeschluß ist zuzustellen:

Bei Pfändung des Diensteinkommens eines Beamten	wem?
1. des Ministerii selbst	dem Minister.
2. des Evangelischen Oberkirchenrats	dessen Präsidenten.
3. der Konsistorien	deren Präsidium.
4. eines evangelischen Geistlichen (Gesetz, betreffend das Diensteinkommen der evangelischen Pfarrer und Kirchengesetz vom 2. Juli 1898)	

Der Pfändungsbeschluß ist zuzustellen:

Bei Pfändung des Diensteinkommens eines Beamten	wem?
a) bezüglich des Grundgehalts und fester Zuschüsse	dem Vorstande der Kirchengemeinde (Gemeindekirchenrat oder Gemeindevertretung).
b) bezüglich der vom Staate gewährten Zuschüsse für den Fall, daß die Kirchengemeinde nicht imstande ist, die Mittel für das Grundgehalt, die Zuschüsse, die Alterszulagenversicherungsbeiträge allein aufzubringen	dem Konsistorium der Provinz.
c) bezüglich der von der Alterszulageversicherung durch die Regierungs-Hauptkasse zu zahlenden Alterszulagen	dem Verwaltungsausschusse der Alterszulagekasse für evangelische Geistliche.
5. der Königl. Akademie der Wissenschaften u. Künste, der Hochschule für bildende Künste und Musik, der Meisterschulen für musikalische Komposition und des Instituts für Kirchenmusik	deren Kurator.
6. der Königl. Museen, auch d. Kunstgewerbemuseums und des Museums für Völkerkunde (vgl. Nr. 7)	der Generalverwaltung der Museen.

Der Pfändungsbeschluß ist zuzustellen:

Bei Pfändung des Dienst-einkommens eines Beamten	wem?
7. der Königl. Universitäten (Lehrer und sonstigen Beamten) u. ihrer Institute (Seminarien, Anstalten und Sammlungen, sowie Klinischen Anstalten)	deren Kuratorium.
8. der Klinischen Anstalten, der Universität u. des Botanischen, Geologischen, Mineralogischen, Zoologischen Museums, des Museums für Meeres- und Naturkunde	dem Minister.
9. der technischen Hochschulen	do.
10. der Kgl. Krankenhäuser (Berlin u. Cassel), sowie der damit verbundenen Institute und der Entbindungsanstalt in Cassel (sonst sind sie Provinzialanstalten s. Finanzm. Nr. 14)	do.
11. der Provinzial-Schulkollegien	dem Oberpräsidenten.
12. der höheren staatlichen Lehranstalten (Gymnasien, Realgymnasien, Real-Progymnasien, Ober-Realschulen, Realschulen)	dem Provinzial-Schulkollegium.

Der Pfändungsbeschluß ist zuzustellen:

Bei Pfändung des Diensteinkommens eines Beamten	wem?
13. der mittleren Schulen (Bürger-, höhere, Rektoratschulen, der Elementarschulen [Volksschulen] und Landwirtschaftsschulen)	der Königlichen Regierung.
14. des Medizinalkollegii	dem Oberpräsidenten.
15. des Medizinalrats	der Königlichen Regierung.
16. des Kreisarztes	do.

F. Ministerium für Handel und Gewerbe.

Der Pfändungsbeschluß ist zuzustellen:

Bei Pfändung des Diensteinkommens eines Beamten	wem?
1. des Ministerii	dem Minister.
2. der Technischen Deputation für Gewerbe	do.
3. des gewerblichen Unterrichtswesens (Fach-, Zeichen-, Baugewerk-, Navigationsschulen)	do.
4. der Berg-Akademie und bergtechnischen Lehranstalten	do.
5. der Geologischen Landesanstalt	do.
6. der Porzellanmanufaktur	do.
7. der Prüfungskommissionen für das Bergfach	do.

Der Pfändungsbeschluß ist zuzustellen:

Bei Pfändung des Diensteinkommens eines Beamten	wem?
8. die Eichungsinspektoren	dem Minister.
9. des am Sitze der letzteren befindlich. Eichungsamtes	der Königlichen Regierung.
10. der Oberbergämter, der Revierbeamten der Berg-, Hütten- und Salzwerke nebst dazu gehörigen Anstalten	dem Berghauptmann des betreffenden Oberbergamtes.

G. Ministerium des Innern.

Der Pfändungsbeschluß ist zuzustellen:

Bei Pfändung des Diensteinkommens eines Beamten	wem?
1. des Ministerii	dem Minister.
2. der Statistischen Bureaus	do.
3. des Oberverwaltungsgerichts	dessen Präsidenten.
4. des Hauses der Abgeordneten	do.
5. des Herrenhauses	do.
6. der Landrätlichen Behörden	den Regierungspräsidenten.
7. der Polizeiverwaltung, soweit es sich um staatliche Beamte handelt	do.
in Berlin	dem Polizeipräsidenten.
8. der Landgendarmerie	dem Kommandeur der betreffenden Gendarmeriebrigade.

Der Pfändungsbeschluß ist zuzustellen:

Bei Pfändung des Diensteinkommens eines Beamten	wem?
9. der Strafanstaltsverwaltungen, Zuchthäuser (Ggsz. land- u. amtsgerichtliche Gefängnisse S. 172), auch der Anstaltsärzte u. -geistlichen	den Königl. Regierungen (in Berlin dem Polizeipräsidium).
10. Versicherungsrevisoren	do.
11. der Amtsvorsteher (Amtmänner, Distriktskommissare, Landbürgermeister) u. Amtssekretäre	dem Kreisausschusse.

(Wegen Provinzial- u. Kreisbeamten s. Finanzminist.)

H. Justizministerium.

Nach der Verfügung des Justizministers vom 30. IV. 07 (JMBl. 367) ist bei Pfändung von Diensteinkommen von Beamten in Vertretung des Fiskus

der Pfändungsbeschluß zuzustellen:

A. Bei Pfändung des Diensteinkommens	wem?
1. eines Beamten des Justizministerii	dem Justizminister.
2. der richterlichen, sowie allen übrigen Justizbeamten ohne Unterschied	dem Rechnungsdirektor beim betreffenden Oberlandesgerichte.

Der Pfändungsbeschluß ist zuzustellen:

A. Bei Pfändung des Diensteinkommens	wem?
des Ranges (Staatsanwaltschafts-, Rechnungs-, Gefängnis- und Strafanstaltsbeamten [vgl. Seite 171]; Ausnahmen s. unter 3—5).	
3. der Rechnungsdirektoren	dem Direktor der Justizhauptkasse.
4. der Gerichtsvollzieher, der Gerichtsvollzieher kraft Auftrags und der Hilfsgerichtsvollzieher bezüglich der Gebührenanteile und Entschädigungen f. frühere Dienstbezüge und Einziehung von Kosten und Geldstrafen, sowie der Auslagen in Armensachen (Gerichtsvollz.-Ordn. v. 31. März 1900 § 71; Erl. d. Justizm. v. 31. März 1900 Nr. 8 u. 9 [das Diensteinkommen (Gehalt und Wohnungszuschuß) weist Rechnungsdirektor an])	dem Landgerichtspräsidenten. (In Berlin bei dem Amtsgerichte I dem Amtsgerichtspräsidenten nach der Verfügung des Justizminist. v. 4. IX. 00 [JMBl. S. 559] D Nr. 19 und E.)
5. der Kanzleibeamten (Kanzlisten, Kanzleidiätare), Lohnschreiber wegen der besonders verdienten Schreiblöhne	dem Vorstande der Behörde, bei welcher sie beschäftigt sind.

I. Ministerium für Landwirtschaft, Domänen und Forsten.

Der Pfändungsbeschluß ist zuzustellen:

Bei Pfändung des Diensteinkommens eines Beamten	wem?
1. des Ministerii	dem Minister.
2. des Landesökonomie-Kollegii	do.
3. der technischen Deputation für das Veterinärwesen	do.
4. des Oberlandforstmeisters und der Landforstmeister	do.
5. des Oberstallmeisters	do.
6. des Landgestütswesens	dem Oberstallmeister.
7. der landwirtschaftlichen Hochschule	dem Rektor.
8. der tierärztlichen Hochschule	do.
9. der Generalkommissionen	der Königlichen Bezirksregierung.
10. der Oberforstmeister, Oberförster, Revierförster, Hegemeister, Förster, Waldwärter, Forsthilfsaufseher	do.
11. der Kreis- und Departementstierärzte	do.
12. der Rentenbanken	dem Direktor.
13. des Oberlandeskulturgerichts	dem Präsidenten.

K. Ministerium der öffentlichen Arbeiten.

Der Pfändungsbeschluß ist zuzustellen:

Bei Pfändung des Diensteinkommens eines Beamten	wem?
1. des Ministerii	dem Minister.
2. des technischen (Ober-) Prüfungsamtes	do.
3. der Landesanstalt f. Gewässerkunde	do.
4. der Eisenbahndirektionen	deren Präsidenten.
5. der vom Staate verwalteten Eisenbahnen, nämlich der Betriebs-, Maschinen-, Werkstätten-, Telegraphen-, Verkehrs-Inspektionen, Bauabteilungen, Rechnungsdirektorien, Stationen (bei Arbeitern genaue Angabe des Ortes der Beschäftigung, Station [Güterabfertigung, Betriebs-, Haupt-, Nebenwerkstatt usw.] erforderlich)	den Eisenbahndirektionen zu Altona, Berlin, Breslau, Bromberg, Cassel, Danzig, Elberfeld, Erfurt, Essen, Frankfurt a. M., Halle, Hannover, Kattowitz, Köln, Königsberg, Magdeburg, Mainz, Münster, Posen, St. Johann-Saarbrücken, Stettin (s. Ggst. Reichseisenbahnamt S. 162).
6. der Kreisbauinspektoren, Bauräte (Kreisbaumeister sind Angestellte der Kreiskorporation s. Finanzm. Nr. 15), Bauschreiber, technischen Sekretäre der Bauverwaltung	den Regierungspräsidenten.

L. Kriegsministerium

siehe Reichsbehörden I. B.

III. Städtische Behörden.

Der Pfändungsbeschluß, welcher die Dienstbezüge eines städtischen Beamten betrifft, ist dem Magistrate — für den Bereich der Rheinprovinz dem Bürgermeister — zuzustellen, gleichviel, ob derselbe in der städtischen Verwaltung selbst oder in ihren Betrieben, Anstalten, Stiftungen beschäftigt wird. Die Polizeibeamten sind, soweit sie ihr Gehalt von der städtischen Behörde beziehen, als deren Beamte anzusehen (vgl. II G. Min. d. Innern). — Die Angestellten der in größeren Städten gebildeten Berufsfeuerwehr beziehen ihre Dienstvergütung als städtische Beamten.

Die Standesbeamten und das Personal der Standesämter sind wohl an sich Staatsbeamte, aber ihre Dienstbezüge beziehen sie von den Gemeinden, sofern sie nicht in dem besonderen Falle des § 7 d. RG. v. 6. 2. 1875 von der höheren Verwaltungsbehörde bestellt werden. Daher weist der Gemeindevorstand (in Städten der Magistrat), bei Standesamtsbezirken, welche aus mehreren Gemeinden gebildet werden, der Landrat in seiner Eigenschaft als Vorsitzender des Kreisausschusses, und nur bei Bestellung durch die höhere Verwaltungsbehörde der Regierungs-Präsident die Bezüge an: diesen ist also der Pfändungsbeschluß zuzustellen.

IV. Gemeindebehörden.

In den Landgemeinden, wo der Gemeindevorstand oder Bürgermeister (Rheinprovinz) die Vertretung der Gemeinde und die Leitung der Verwaltung in seiner Hand hat, ist der Pfändungsbeschluß ihm, bei Pfändung seines eigenen Gehalts dem dienstältesten bezw. bei gleicher Dienstzeit dem an Lebensjahren ältesten Schöffen oder Beigeordneten zuzustellen (Entsch. OVerwGer. IV S. 121, 326, VI S. 264).

BB. Die Pfändungsbeschlüsse hinsichtlich der Pensionen, Dispositionsgehälter und laufenden Unterstützungen

aller Staatsbeamten sind der Kgl. Regierung ihres jeweiligen Wohnortes, in Berlin der Kgl. Ministerial-, Militär- und Baukommission, aller Reichs- (außer den Militärpersonen s. S. 134fg., 144fg., 148fg., 155fg., 159fg.) und sonstigen Beamten derselben Behörde zuzustellen, bei welcher als Drittschuldnerin (s. AA.) das Diensteinkommen zu pfänden ist.

CC. Amtskautionen

haben nur noch die Reichsbankbeamten und Gerichtsvollzieher zu stellen. Der Anspruch auf Herausgabe derselben ist in voller Höhe pfändbar. Der dies anordnende Gerichtsbeschluß ist hinsichtlich der Reichsbankbeamten dem Präsidenten des Reichsbank-Direktoriums, hinsichtlich der Gerichtsvollzieher dem Oberlandesgerichts-Präsidenten als Drittschuldner zuzustellen.

Schlußwort.

Zuverlässige Angaben zur Vervollständigung dieses Verzeichnisses werden vom Verfasser mit Dank entgegengenommen.

IV.

Alphabetisches Sachregister.

(Die Zahlen verweisen auf die Seiten der Schrift.)

Druck von Georg Reimer, Berlin.

Verzeichnis

der

Guttentag'schen Sammlung Deutscher Reichs- und Preussischer Gesetze

Text-Ausgaben

mit Anmerkungen u. Sachregister

Guttentag'sche Sammlung

Deutscher Reichsgesetze.

Text-Ausgaben mit Anmerkungen. Taschenformat.

1. **Verfassung** des Deutschen Reichs. Von Dr. **L. von Rönne.** Neunte Auflage von Landrat **Paul von Rönne.** 1904. 2 M. 40 Pf.

2. **Strafgesetzbuch** für das Deutsche Reich. Nebst den gebräuchlichsten Reichs-Strafgesetzen. Von Dr. **H. Rüdorff.** Zweiundzwanzigste Auflage von Dr. **H. Appelius,** Kammergerichtsrat. 1907. 1 M. 50 Pf.

   Die §§ 95—101, geändert durch Gesetz vom 17. Februar 1908, in neuer Fassung.

3. **Militärstrafgerichtsordnung** von Senatspräsident Dr. **Paul Herz.** 1902. Dritte Auflage. Aus dem Handel gezogen; — dafür Text-Ausgaben ohne Anmerkungen auf S. 24. 1 M. 50 Pf.

4. **Handelsgesetzbuch vom 10. Mai 1897** unter Ausschluß des Seerechts. Mit den ergänzenden Vorschriften des Bürgerlichen Gesetzbuchs und Erläuterungen von **F. Litthauer,** Justizrat. Dreizehnte Auflage herausgegeben von Geh. Justizrat Prof. Dr. **A. Mosse,** Oberlandesgerichtsrat. 1905. 3 M.

5. Allgemeine Deutsche **Wechselordnung.** Neunte Auflage von Justizrat Dr. **J. Stranz** und Rechtsanwalt Dr. **M. Stranz,** und das Reichsgesetz über die **Wechsel-**

stempelsteuer*). Von Regierungsrat **P. Loeck.** Achte Auflage. 1906. 3 M.

*) Ist auch einzeln zu haben. Preis 1 M. 25 Pf.

6. **Gewerbeordnung** für das Deutsche Reich nebst allen Ausführungsbestimmungen. Ursprünglich herausgegeben von **T. Ph. Berger** und Dr. **L. Wilhelmi.** Siebzehnte Auflage bearbeitet von Oberverwaltungsgerichtsrat **H. Spangenberg.** 1907. 3 M.

Ergänzungsband hierzu: **Preußische Ausführungsanweisung.** 1904. 2 M.

7. Die deutsche **Post- und Telegraphen-Gesetzgebung.** Nebst dem Weltpostvertrag und dem internationalen Telegraphenvertrag. Von Wirkl. Geh. Rat Dr. **Fischer.** Sechste Auflage bearbeitet von Geh. Postrat Dr. **M. König.** 1908.

8. Die Reichsgesetze über den **Unterstützungswohnsitz** in der Fassung der Novelle vom 12. März 1894, **die Freizügigkeit, den Erwerb und Verlust der Bundes- und Staatsangehörigkeit,** nebst allen landesgesetzlichen Bestimmungen. Von Geheimrat Dr. **J. Krech,** Mitglied des Bundesamtes für das Heimatwesen. Sechste Auflage. 1907. 3 M.

9. Sammlung **kleinerer strafrechtlicher Reichsgesetze.** Mit den Entscheidungen des Reichsgerichts bearbeitet von **M. Werner,** Geh. Ober-Regierungsrat. Zweite Auflage. 1903. 3 M.

(Inhalt ca. 25 verschiedene Gesetze.)

10. Das **Reichsbeamtengesetz** und seine Ergänzungen. Erläutert von **J. Pieper.** Zweite Auflage. 1901. 4 M. 50 Pf.
— In der Fassung von 1907 siehe Nr. 82.

11. **Zivilprozeßordnung mit Gerichtsverfassungsgesetz** in den neuesten Fassungen. Herausgegeben zunächst von **R. Sydow,** Staatssekretär im Reichsschatzamt, weiter bearbeitet von **L. Busch,** Reichsgerichtsrat. Zehnte Auflage. (In größerem Oktav-Format.) 1905. 6 M.

12. **Strafprozeßordnung und Gerichtsverfassungsgesetz** nebst den Gesetzen, betreffend die Entschädigung der im Wiederaufnahmeverfahren freigesprochenen Personen und die Entschädigung für unschuldig erlittene Untersuchungshaft. Von Dr. **A. Hellweg,** Reichsgerichtsrat. Vierzehnte Auflage. 1907. 2 M.

13. **Konkursordnung und Anfechtungsgesetz.** Von **R. Sydow.** Weiter bearbeitet von **L. Busch.** Zehnte Auflage. 1906. 2 M. 25 Pf.

14. **Gerichtsverfassungsgesetz** mit Einführungsgesetz. Herausgegeben von **R Sydow** und **L. Busch.** Neunte Auflage. 1905. 1 M. 50 Pf.

15. Das **Deutsche Gerichtskostengesetz** nebst den Gebührenordnungen für Gerichtsvollzieher, Zeugen und Sachverständige. Herausgegeben mit Kosten-

tabellen von **R. Sydow.** Weiter bearbeitet von **L. Busch.** Achte Auflage. 1907. 2 M.

16. **Rechtsanwaltsordnung.** Von **R. Sydow.** Sechste Auflage von Justizrat **M. Jacobsohn.** 1907. 1 M. 20 Pf.

17. Die **Deutsche Gebührenordnung für Rechtsanwälte und das Preußische Gebührengesetz** vom 27. September / 6. Oktober 1899. Von **R. Sydow** und **L. Busch.** Siebente Auflage. 1903. 1 M. 60 Pf.

18. **Reichsstempelgesetz (Börsensteuer, Frachturkunde, Kraftfahrzeuge, Personenfahrkarte, Tantieme für Aufsichtsratsmitglieder).** Vom 3. Juni 1906. Nebst Ausführungsbestimmungen und Entscheidungen. Neunte Auflage von **P. Loeck,** Regierungsrat. (In größerem Oktav-Format.) 1906. 4 M. 50 Pf.

19. Die **Seegesetzgebung.** Von Dr. **W. E. Knitschky.** Vierte Auflage bearbeitet von Oberlandesgerichtsrat **Otto Rudorff** in Hamburg. 1908.

20. **Krankenversicherungsgesetz.** Von weil. Dr. **E. von Woedtke,** Direktor im Reichsamte des Innern. Elfte Auflage bearbeitet von Dr. **G. Eucken-Addenhausen,** Geh. Reg.-Rat und vortr. Rat im Reichsamte des Innern. 1905. 3 M.

21. Die **Konsulargesetzgebung.** Von Professor Dr. **Ph. Zorn.** Zweite Auflage. 1901. 3 M.

22. **Patentgesetz.** Nebst Ausführungsbestimmungen, völkerrechtlichen Verträgen und der Patentanwalts-Ordnung unter eingehender Berücksichtigung der Rechtsprechung des Reichsgerichts und der Praxis des Patentamts. Erläutert von Professor Dr. **R. Stephan,** Geh. Reg.-Rat, Mitglied des Kaiserlichen Patentamts. Sechste Auflage. 1904. 2 M.

Gesetz zum **Schutz der Warenbezeichnungen.** Nebst Ausführungsbestimmungen. Siehe Seite 16 Nr. 87.

23. **Gewerbe-Unfallversicherungsgesetz.** Von weil. Dr. **E. v. Woedtke.** Neunte neubearbeitete Auflage von **Franz Caspar,** Direktor im Reichsamt des Innern. 1907. 2 M. 50 Pf.

24. **Aktiengesellschaft und Kommanditgesellschaften auf Aktien.** (Handelsgesetzbuch, II. Buch, Abschnitt 3 und 4). Mit Anmerkungen von Justizrat Dr. **H. Veit Simon** und Amtsrichter **L. Keyssner.** 1908. Sechste Auflage. Im Druck.

25. **Brausteuergesetz** vom 3. Juni 1906 mit Ausführungsvorschriften. Von **A. Düffe,** Obersteuerkontrolleur. 1907. 3 M.

26. Die Reichsgesetzgebung über **Münz- und Notenbankwesen,** Papiergeld, Prämienpapiere und Reichsschulden. Von Dr jur. **R. Koch,** Präsident des Reichsbankdirektoriums. Fünfte Auflage. 1905. 3 M.

27. Die Gesetzgebung, betr. das **Gesundheitswesen** im Deutschen Reich für Behörden, Aerzte ꝛc. Von Dr. jur. **C. Goesch** und Dr. med. **J. Karsten.** 1888. 1 M. 60 Pf.

28. **Bau-Unfallversicherungsgesetz.** Vom 30. Juni 1900. Von **R. Chrzescinski,** Kaiserl. Regierungsrat. Dritte Auflage. 1900. 2 M.

29. **Reichsgesetz,** betr. die **Erwerbs- und Wirtschaftsgenossenschaften.** Von **L. Parisius** und Dr. **H. Crüger.** Zwölfte Auflage bearbeitet von Dr. **H. Crüger.** 1907. 1 M. 50 Pf.

30. **Invalidenversicherungsgesetz** vom 13. Juli 1899. Von weil. Dr. **E. v. Woedtke.** Zehnte Auflage von Regierungsrat **H. Follmann.** 1906. 4 M.

31. **Gewerbegerichtsgesetz.** Von Stadtrat **L. Mugdan.** Sechste Auflage bearbeitet von **W. Cuno,** Erstem Bürgermeister zu Hagen i. W. 1906. 2 M. 20 Pf.

32. Reichsgesetz, betr. die **Gesellschaften mit beschränkter Haftung.** Von **L. Parisius** und Dr. **H. Crüger.** Neunte Auflage von Dr. **H. Crüger.** 1907. 1,40 M.

33. **Vereins- und Versammlungsrecht** in Deutschland. Von Dr. **E. Ball.** Zweite, völlig neubearbeitete Auflage von Dr. **F. Friedenthal.** 1907. 2 M. 50 Pf.

34. Reichsgesetz, betreffend die **Abzahlungsgeschäfte.** Vom 16. Mai 1894. Von **J. Hoffmann.** Zweite vermehrte Auflage besorgt von Dr. **E. Wilke,** Landgerichtsrat. 1901. 1 M. 20 Pf.

35. Die **Reichs-Eisenbahngesetzgebung.** Von **W. Coermann,** Kaiserl. Amtsrichter. 1895. 2 M. 25 Pf.

36. Gesetze, betr. die **privatrechtlichen Verhältnisse der Binnenschiffahrt und der Flößerei.** Dritte Auflage von **E. Löwe,** Landgerichtsrat. 1903. 3 M.

37. Gesetz zur **Bekämpfung des unlauteren Wettbewerbes.** Vom 27. Mai 1896. Von Dr. **R. Stephan,** Geh. Regierungsrat. Dritte Auflage. 1903. 1 M.

38/39. **Bürgerliches Gesetzbuch nebst Einführungsgesetz.** Nach dem Tode des ursprünglichen Herausgebers Reichsgerichtsrats a. D. Dr. **A. Achilles** in Verbindung mit Professor Dr. **André,** Kammergerichtsrat **Ritgen,** Ober-Landesgerichtsrat **Strecker,** Ober-Regierungsrat Dr. **Unzner** herausgegeben von Geh. Ober-Justizrat **Greiff.** Fünfte Auflage. (In größerem Oktav-Format) 1906. 6 M. 50 Pf.

40. Gesetz, betr. die **Pflichten der Kaufleute bei Aufbewahrung fremder Wertpapiere (Depotgesetz).** Mit Erläuterungen. Von **F. Lusensky,** Geh. Ober-Regierungsrat. Zweite Auflage. 1905. 1 M.

41. **Börsengesetz.** In der Fassung der Novelle vom 8. Mai 1908 nebst Ausführungsbestimmungen von **A. Wermuth** und **H. Brendel.** Neu bearbeitet von Wirkl. Geh. Ob.-Regierungsrat. **Th. Hemptenmacher,** Staatskommissar an der Berliner Börse. ca. 1 M. 50 Pf.

42. **Grundbuchordnung** nebst den preußischen Ausführungsbestimmungen. Mit Einleitung. Von Prof. Dr. **O. Fischer.** Vierte Auflage. 1906. 2 M.

43. Die Gesetzgebung, betr. die **Zwangsvollstreckung in das unbewegliche Vermögen** im Reiche und in Preußen. Mit Einleitung, Kosten- und Gebührentabellen. Von Dr. **J. Krech,** Kaiserl. Geh. Regierungsrat und Professor Dr. **O. Fischer.** Fünfte Auflage. 1907. 2 M.

44. Das Reichsgesetz über das **Auswanderungswesen** vom 9. Juni 1897 nebst Ausführungsverordnungen und Anlagen. Unter Benutzung amtlicher Quellen. Von Professor Dr. **Felix Stoerk.** 1899. 2 M. 25 Pf.

45. Das **Entmündigungsrecht** unter Berücksichtigung der für Preußen geltenden Vorschriften nebst der preußischen Justiz-Ministerial-Verfügung vom 28. November 1899. Text der zivil- und prozeßrechtlichen Bestimmungen mit Erläuterungen von Landgerichtsrat Dr. **P. Koll** in Cöln. 1900. 1 M. 50 Pf.

46. Die Gesetze des Reiches und Preußens über die **freiwillige Gerichtsbarkeit.** Mit Einleitung von **Herm. Jastrow,** Amtsgerichtsrat. Vierte Auflage. 1906. 3 M.

47. Das **deutsche Vormundschaftsrecht** und das preuß. Gesetz über die Fürsorgeerziehung Minderjähriger nebst den dazu gehörigen preußischen Nebengesetzen. Von **Max Schultzenstein,** Oberverwaltungsgerichtsrat und Amtsgerichtsrat Dr. **Paul Köhne.** Zweite Auflage. 1901. 3 M.

48. Gesetze und Verordnungen, betr. den **Drogen-, Gift- und Farbenhandel** außerhalb der Apotheken. Von Dr. **Broh,** Rechtsanwalt. 1899. 1 M. 25 Pf.

49. Deutsche **Kolonialgesetzgebung.** Von Professor Dr. **Philipp Zorn.** 1901. 4 M. 50 Pf.

50. Der **Viehkauf** (Viehgewährschaft) nach dem Bürgerlichen Gesetzbuche. Nebst Verordn. betr. die Hauptmängel und Gewährsfristen beim Viehhandel. Von Rechtsanwalt Dr. **H. Stölzle** und **H. Weiskopf,** Königl. Kreistierarzt in Augsburg. Dritte Auflage. 1904. 3 M.

51. **Hypothekenbankgesetz** vom 13. Juli 1899. Von Dr. **H. Göppert,** Gerichts-Assessor. 1900. 1 M. 80 Pf.

52. Gesetz, betreffend die gemeinsamen **Rechte der Besitzer von Schuldverschreibungen.** Von Dr. **Heinrich Göppert,** Gerichts-Assessor. 1900. 2 M.

53. **Reichspreßgesetz** vom 7. Mai 1874 nebst den einschlägigen Bestimmungen des Strafgesetzbuchs, der Gewerbeordnung ꝛc. Kommentar von **A. Born,** Polizeiassessor. 1900. 1 M. 50 Pf.

54. Die Reichsgesetzgebung über den Verkehr mit **Nahrungsmitteln, Genußmitteln** und **Gebrauchsgegenständen.** Von Dr. **Georg Lebbin,** Nahrungsmittelchemiker. 1900. 2 M. 25 Pf.

55. Das Recht der **Beschlagnahme von Lohn- und Gehaltsforderungen.** Auf Grundlage der Reichsgesetze **vom 21. Juni 1869 u. 29. März 1897** und der Zivilprozeßordnung. Von Justizrat **Georg Meyer.** Dritte Auflage. 1908. 2 M. 50 Pf.

56. Gesetz, betr. die **Bekämpfung gemeingefährlicher Krankheiten.** Nebst Ausführungsbestimmungen. Von Dr. **Bruno Burkhardt,** Regierungsrat, Mitglied des Kais. Gesundheitsamts. 1900. 1 M. 40 Pf.

57. **See-Unfallversicherungsgesetz.** Von **Dr. Max Mittelstein,** Oberlandesgerichtsrat in Hamburg. 1901 2 M.

58. **Das Recht der unehelichen Kinder** nach dem BGB. Von **Hermann Jastrow,** Amtsg.-Rat. 1901. 1 M. 80 Pf.

59. Reichsgesetz über die **Beurkundung des Personenstandes und die Eheschließung.** Von Dr. **F. Fidler,** Amtgerichtsrat. 1901. 1 M. 80 Pf.

60. Gesetz, betreffend das **Urheberrecht an Werken der Literatur und der Tonkunst.** Von Landrichter **Otto Lindemann.** Zweite Auflage. 1907. 1 M. 60 Pf.

61. Gesetz über das **Verlagsrecht.** Von Justizrat **Ernst Heinitz.** 1901. 1 M. 50 Pf.

62. Gesetz über die **privaten Versicherungsunternehmungen.** Von **H. Könige,** Reichsgerichtsrat. 2. Auflage in Bearbeitung.

63. **Gesetzestafel des Deutschen Reichsrechts.** Systematisch geordnete Nachweisung des z. Z. geltenden Reichsrechts. Ergänzungsband zu der Guttentag'schen Sammlung Deutscher Reichsgesetze. Von **Hugo Bruhns,** Syndikus. 1902. 8°. 2 M. 50 Pf.

64. Gesetzsammlung betr. den **Handel mit Drogen und Giften.** Reichsgesetzl. Bestimmungen und Anhang mit den landesgesetzl. Verordnungen sämtlicher Bundesstaaten. Von Rechtsanwalt **H. Sonnenfeld,** Syndik. d. Berl. Drogisten-Innung. 1902. 3 M.

65. Das **Weingesetz** vom 24. Mai 1901. Mit Ausführungsbestimmungen von Dr. **Georg Lebbin,** Handels- u. Gerichtschemiker. 1902. 1 M. 50 Pf.

66. Die **Eisenbahn-Gesetzgebung.** Von **W. Pietsch,** Geh. exp. Sekretär im Reichs-Eisenbahn-Amt. 1902. 5 M.

67. **Militär-Strafgesetzbuch** von Senats-Präsident Dr. **Paul Herz** und Kriegsgerichtsrat Dr. **Georg Ernst.** 1903. Aus dem Handel gezogen; — dafür Text-Ausgaben ohne Anmerkungen Seite 24. 1 M.

68. Das **Fleischbeschaugesetz.** Vom 3. Juni 1900. Mit Ausführungsges. u. Verordnungen im Reiche und in Preußen. Von Dr. **Georg Lebbin,** Gerichtschemiker und Rechtsanwalt Dr. **Georg Baum.** 1903. 4 M.

69. Reichsgesetz über die **Naturalleistungen der bewaffneten Macht im Frieden** nebst den zugehörigen in Preußen geltenden Bestimmungen. Von Regierungsassessor Dr. **Walter v. Hippel.** 1903. 1 M. 25 Pf.

70. Das **Reichs-Haftpflichtgesetz,** betr. die Verbindlichkeit zum Schadensersatz für die bei dem Betriebe von Eisenbahnen, Bergwerken, Steinbrüchen, Gräbereien und Fabriken herbeigeführten Tötungen und Körperverletzungen, vom 7. Juni 1871. Von Regierungsrat Dr. **G. Eger.** 1903. Preis 3 M.

71. **Kinderarbeit in gewerblichen Betrieben,** v. 30. März 1903. Nebst der Preuß. Ausführ.-Anw. v. 30. Nov. u. d. Bek. des Reichskanzlers v. 17. Dez. 1903. Von **H. Spangenberg,** Oberverwaltungsgerichtsrat. Zweite vermehrte Auflage. 1904. 1 M. 60 Pf.

72. **Unfallversicherungsgesetz für Land- und Forstwirtschaft** vom Wirkl. Geh. Rat Dr. **E. von Woedtke,** fortgesetzt von Dr. **Alfred Radtke,** Geh. Regierungsrat und Senatspräs. im Reichsversicherungsamt. Zweite Auflage. 1904. 4 M. 50 Pf.

73. **Entschädigung für unschuldig erlittene Verhaftung und Bestrafung.** Nebst Anhang, enth. die dazu gehörigen Nebengesetze über Schadensersatz. Von Dr. jur. **A. Romen,** Geh. Kriegsrat und vortr. Rat im Kriegsministerium. 1904. 2 M.

74. Die **Kaufmannsgerichte** nebst den preuß. Ausführungsbestimmungen. Von Dr. **Max Apt,** Syndikus der Korporation der Berliner Kaufmannschaft. Dritte Auflage. 1905. 2 M.

75. Reichsgesetz über die **Konsulargerichtsbarkeit.** Erläutert von Dr. jur. **A. F. Vorwerk,** Rechtsanwalt in Schanghai. 1905. 2 M.

76. **Die Rechtshilfe im Verkehr mit den ordentlichen Gerichten nach deutschem Reichsrecht.** Zusammenstellung aller in Betracht kommenden Gesetzesstellen. Von Landrichter Dr. **A. Friedländer.** 1906. 1 M. 80 Pf.

77. **Das Reichserbschaftssteuergesetz.** Vom 3. Juni 1906. Von **Ulrich Hoffmann,** Geh. Registrator im Kgl. Preuß. Finanzministerium. 1906. 2 M. 60 Pf.

78. **Zigarettensteuergesetz.** Vom 3. Juni 1906. Von Dr. **Cuno,** Gerichtsassessor. 1906. 1 M. 80 Pf.

79. **Die Militärpensionsgesetze** vom 31. Mai 1906 nebst Ausführungsbestimmungen. Zum Gebrauch für Heer, Marine und Schutztruppe von Dr. jur. **A. Romen,** Wirklicher Geheimer Kriegsrat.
a) I. Teil: Offizierpensionsgesetz. 3 M. 50 Pf.
b) II. Teil: Mannschaftsversorgungsgesetz. 3 M. 50 Pf.
Jeder Teil ist einzeln käuflich.

80. Reichsgesetzgebung über **gerichtliche Registerführung.** Textausgabe der einschlägigen Gesetzesbestimmungen mit Anmerkungen und Sachregister von **Otto Lindemann,** Landrichter. 1906. 3 M.

81. Gesetz, betr. **Urheberrecht an Werken der bildenden Künste und der Photographie.** Von Dr. **Ludw. Fuld,** Rechtsanwalt. 1907. 1 M.

82. **Reichsbeamtengesetz** in der Fassung vom 18. Mai 1907 und seine Ergänzungen von Prof. Dr. **Ad. Arndt.** 3 M.

83. **Reichsgesetz über den Versicherungsvertrag** nebst Einführungsgesetz mit Einleitung und ausführlicher Erläuterung von Dr. **Paul Hager** und Dr. **R. Behrend,** Regierungsräte. 5 M.

84. **Sammlung kleinerer privatrechtlicher Reichsgesetze** von Landrichter **Georg Müller.** 1908. 6 M. 50 Pf.
Enthält eine Fülle von Gesetzen, die anderweit fast garnicht oder nur schwer zu beschaffen sind.

85. **Scheckgesetz** mit Einleitung usw. Von Prof. Dr. **Max Apt.** 1908. 1 M. 50 Pf.

86. **Die Auslieferungsverträge des Deutschen Reiches** von Landrichter **A. Cohn.** Im Druck.

87. Gesetz zum **Schutz der Warenbezeichnungen.** Nebst Ausführungsbestimmungen. Von Geh. Reg.-Rat, Mitglied des Patentamts Dr. **Freund** und Rechtsanwalt **Magnus.** Fünfte Auflage. 1908. Im Druck.

88. **Vereinsgesetz** vom 19. April 1908. Unter Benutzung der amtlichen Quellen, bearbeitet und erläutert von Dr. jur. **A. Romen,** Wirkl. Geh. Kriegsrat im Königl. Preuß. Kriegsministerium. Nebst einem Anhang, enth. die Vorschriften des BGB. über die Vereine. 2. Auflage. 1908. 1 M. 50 Pf.

Guttentag'sche Sammlung

Preußischer Gesetze.

Text-Ausgaben mit Anmerkungen. Taschenformat.

1. Die **Verfassungs-Urkunde** für den Preußischen Staat. Mit Einleitung, vollständigem Kommentar. Von Prof. Dr. **Adolf Arndt.** Sechste Auflage. 1907. 3 M.

2. Preußische **Beamten-Gesetzgebung.** Enthaltend die wichtigsten Beamtengesetze in Preußen. Von **C. Pfafferoth.** Vierte, neubearb. Auflage. 1905. Mit Anhang: Abänderung vom 27. Mai 1907. 2 M.

3. **Die Aufnahme des Nottestaments** durch die bestellten besonderen Urkundspersonen. Anweisung vom 15. März 1904. Erläutert mit Musterbeispielen und einem Abriß des Erbrechts von Amtsgerichtsrat **C. Kurtz.** 1904. 1 M. 50 Pf.

4. **Gebührenordnung** für **Notare** vom 25. Juni 1895 nebst den einschlägigen Vorschriften des Preußischen Gerichtskostengesetzes. Von **R. Sydow.** Dritte Auflage bearbeitet von Justizrat Dr. **Rausnitz.** 1908. 1 M. 60 Pf.

5. Gesetz vom **24. April 1854 (betr. die außerehel. Schwängerung).** Von Dr. **Schulze.** 1873. 75 Pf.
   Gültiges Recht siehe: Reichsgesetze Nr. 58.

6. Die Preuß. **Ausführungsgesetze und Verordnungen zu den Reichs-Justizgesetzen.** Von **R. Sydow.** Dritte vermehrte Auflage. 1895. 2 M. 40 Pf.
   Siehe Seite 23, Busch, Ausführungsgesetze.

7. Allg **Gerichtsordnung** vom 6 Juli 1793 und Preuß. **Konkursordnung** vom 8. Mai 1885 Von **F. Vierhaus,** Geh. Ober-Justizrat Vergriffen.

8. **Vormundschaftsordnung.** Von **F. Schultzenstein.** Gültiges Recht siehe: Reichsgesetze Nr 47.

9. Die Preußische **Grundbuchgesetzgebung.** Von Prof. Dr **Fischer.** Vergriffen. Siehe: Reichsgesetze Nr 42.

10. **Einkommensteuergesetz.** Von **A. Fernow,** Geh. Ober-Finanzrat Siebente Auflage 1908 3 M 25 Pf

11. **Gewerbesteuergesetz.** Von **A. Fernow,** Geh. Ober-Finanzrat Vierte, vermehrte Auflage 1905 2 M.

12. **Allgemeines Berggesetz** für die Preußischen Staaten vom 24 Juni 1865 nebst den preußischen Berggesetznovellen, den einschläg. Nebengesetzen u. Ausführungsbestimmungen. Mit Einleitung, Erläuterungen und Sachregister bearbeitet von **W. Westhoff** und **W. Schlüter.** Zweite Auflage. 1907. 5 M.

13. **Ergänzungssteuergesetz** (Vermögenssteuergesetz). Von **A. Fernow,** Geh. Ober-Finanzrat Vierte vermehrte Auflage. 1907. 2 M. 40 Pf.

14. **Kommunalabgabengesetz.** Vom 14. Juli 1893 und Gesetz wegen Aufhebung direkter Staatssteuern. Von **Dr. F. Adickes,** Oberbürgermeister Vierte Auflage 1906 1 M 50 Pf.

15. Die **Kreisordnungen** für den Preußischen Staat. Von **O. Kolisch,** Landgerichtsrat. 1894. 4 M.

16. **Konzessionierung gewerblicher Anlagen.** Preuß. Ausführungs-Anweisung zu §§. 16 u. ff. der Gewerbe-Ordnung. Von Dr. **W. v. Rüdiger,** Geh. Regierungs- u. Gewerberat. Zweite Auflage. 1901. 2 M.

17. Preußisches **Gerichtskostengesetz.** Mit Kostentabellen. Von Dr. **P. Siméon,** Landgerichtsrat. Fünfte Auflage. 1908. Im Druck.

18. Preußisches **Stempelsteuergesetz** vom 31. Juli 1895. Mit den gesamten Ausführungsbestimmungen und vollständigen Tabellen. Von **P. Loeck,** Regierungsrat. Sechste Auflage. (In größerem Oktav-Format.) 1907. 6 M.

19. Das **Jagdscheingesetz.** Mit ausführlichen Erläuterungen. Von **F. Kunze,** Wirklichem Geh. Ober-Regierungsrat. Zweite Auflage. 1899. 2 M.

20. Die **preußischen Erbschaftssteuergesetze.** Unter Berücksichtigung der Novelle vom 31. Juli 1895. Von **U. Hoffmann,** Geh. Registrator im Königl. preuß. Finanzministerium. 1905. 4 M.
(**Reichs**-Erbschaftssteuergesetz s. Reichsgesetze Nr. 77).

21. Gesetz über die **Handelskammern.** Vom 19. August 1897. Mit Erläuterungen von **F. Lusensky,** Geh. Regierungsrat. 1897. 3 M.

22. Gesetz, betr. **Anstellung und Versorgung der Kommunalbeamten.** Mit Ausführungsanweisung. Von Dr. **W. Ledermann,** Magistratsassessor zu Berlin. 1899. 1 M. 25 Pf.

23. **Ausführungsgesetz zum Bürgerlichen Gesetzbuche.** Von Landrichter Dr. **P. Siméon.** 2. Aufl. 1905. 1 M. 80 Pf.

24. Die **Hinterlegungsordnung** in der Fassung des Ausführungsgesetzes z. BGB. v. 20. Sept. 1899 nebst Ausführungsbestimmungen. Von Regierungsassessor Dr. **Georg Bartels.** 1900. 1 M. 50 Pf.

25. **Preußische Kommunalbeamtengesetzgebung.** Von Magistr.-Assess. Dr. **Fr. Kremski,** Berlin. 1901. 3 M.

26. Gesetze über das **Diensteinkommen der Lehrer und Lehrerinnen, Ruhegehalt und Fürsorge für Hinterbliebene.** Tabelle zur Berechnung der Ruhegehalts-, Witwen- u. Waisenbezüge. Von Dr. **Ed. Cremer,** Beigeordneter. 1900. 2 M. 40 Pf.

27. Gesetz, betreffend die **Warenhaussteuer.** Von Geh. Ober-Finanzrat Dr. **G. Strutz.** 1900. 1 M. 20 Pf.

28. Gesetz über die **Fürsorgeerziehung Minderjähriger.** Nebst Ausführungsbestimmungen. Von Landgerichtsdirektor Dr. **P. F. Aschrott.** Zweite umgearbeitete Auflage. 1907. 2 M. 80 Pf.

29. Gesetz, betr. **die ärztlichen Ehrengerichte, das Umlagerecht und die Kassen der Aerztekammern.** Von Amtsgerichtsrat Dr. **Fidler.** 1901. 1 M. 50 Pf.

30. Die das **Preußische Staatsschuldbuch** und **Reichsschuldbuch** betr. Gesetze nebst Ausführungsbestimmungen. Von Wirkl. Geh. Ober-Finanzrat **J. Mücke,** Mitglied der Staatsschuldenverwaltung. 1902. 2 M.

31a. **Die geltenden Preußischen Gesindeordnungen.** Herausgegeben in zwei Bänden von **Stephan Gerhard,** Rechtsanwalt in Berlin. 1902.

Band I: Gesindeordnung für die altpreußischen Provinzen vom 8. XI. 1810, mit Erläuterungen unter Berücksichtigung der Ergänzungsgesetze und der Rechtsverhältnisse der Gesindevermieter, sowie die Gesindeordnungen für Neuvorpommern und Rügen und für die Rheinprovinz. 2 M. 50 Pf.

31b. **Band II:** Gesindeordnungen für Hannover, Schleswig-Holstein, Hessen-Nassau und den Regierungsbezirk Hohenzollern. 2 M. 50 Pf.

32. **Die Städteordnung für die sechs östlichen Provinzen** Preußens vom 30. Mai 1853 nebst ihren gesetzlichen Ergänzungen. Von **Dr. jur. Walter Ledermann,** Magistrats-Assessor zu Berlin. (In größerem Oktav-Format.) 1902. 6 M.

33. **Rentenguts- und Anerbenrechts-Gesetzgebung in Preußen.** Von Landgerichtsrat **M. Peltasohn** und Rechtsanwalt **Bruno Peltasohn.** 1903. 3 M.

34. Sammlung der wichtigsten **preußischen Strafgesetze** nebst Anhang: Gesetz betr. polizeiliche Strafverfügungen vom 23. April 1883. Von **Otto Lindemann,** Amtsrichter. 1903. 2 M. 50 Pf.

Inhalt: Mobiliar-Feuerversicherung — Chausseegeld — Jagdpolizei — Jagdschein — Wild-Schonzeit — Fischerei — Versammlungs- u. Vereinigungsrecht — Belagerungszustand — Gesindedienstpflichten — Mineraliengewinnung und -Aneignung — Schlachthäuser — Dampfkesselbetrieb — Wandergewerbebetrieb — Reblausverbreitung — Forstdiebstahl — Wald- u. Wassergenossenschaften — Feld- u. Forstpolizei — Lotteriespiel — Verkehrsabgaben — Landestrauer.

35. **Geschäftsordnung für Gerichtsvollzieher.** Gerichtsvollzieherordnung und Gebührensätze von Amtsgerichtssekretär a. D. **Emil Exner.** 1904. 3 M. 50 Pf.

36. Die Gesetzgebung über **Polizeiverordnungen in Preußen** von **Otto Lindemann,** Amtsrichter in Köslin. 1904. 1 M. 50 Pf.

37. Gesetz über die **Enteignung von Grundeigentum** vom 11. Juni 1874. Von Landrichter **O. Meyer.** 1905. 2 M.

38. **Kreis- und Provinzial-Abgabengesetz.** Vom 23. April 1906. Von **Fr. Schmidt,** Gemeindevorsteher. 1906. 1 M. 25 Pf.

39. Gesetz betr. die **Unterhaltung der öff. Volksschulen.** Vom 28. Juli 1906. Von **Dr. A. Marcks,** Regierungsrat. 1906. 2 M.

40. Gesetz betr. das **Verwaltungsstrafverfahren** bei Zuwiderhandlungen gegen die Zollgesetze und die sonstigen Vorschriften über indirekte Reichs- und Landesabgaben, sowie die Bestimmungen über die Schlacht- und Wildpretsteuer vom 26. Juli 1897. Von **Dr. Richard Katzenstein,** Gerichtsassessor. 1907. 3 M. 60 Pf.

41. Die **preußischen Jagdpolizeigesetze.** Von **Fr. Kunze,** Wirkl. Geh. Oberregierungsrat und **R. Kühnemann,** Rechtsanwalt. Zweite gänzlich veränderte und verbesserte Auflage. 1908. 3 M. 60 Pf.

Guttentag'sche Sammlung von Text-Ausgaben mit Sachregister ohne Anmerkungen.

Taschenformat, elegant in Leinen gebunden.

Reichs-Justizgesetze:

Gerichtsverfassungsgesetz. Zivilprozeßordnung. Konkursordnung. Strafprozeßordnung.

2. Auflage. In einem Bande gebunden 3 M. 80 Pf.

Zivilprozeßordnung mit **Gerichtsverfassungsgesetz** und **Einführungsgesetzen** in den neuesten Fassungen. 2 M.

Konkursordnung mit **Einführungsgesetz.** 80 Pf.

Bürgerliches Gesetzbuch nebst **Einführungsgesetz.** Zehnter Abdruck. 2 M. 50 Pf.

Handelsgesetzbuch nebst **Einführungsgesetz** u. **Seerecht.** Siebenter Abdruck. 1 M. 80 Pf.

Ausführungsanweisung zur Gewerbeordnung vom 1. Mai 1904 nebst der preuß. technischen Anleitung. 2 M.

Militär-Strafgesetzbuch mit Abdruck der angezogenen Bestimmungen des Reichs-Strafgesetzbuchs. 1 M.

Militärstrafgerichtsordnung nebst **Einführungsgesetz** u. Ges., betr. Dienstvergehen der richterlichen Militärjustizbeamten u. unfreiwillige Versetzung derselben usw. **Militär-Strafgesetzbuch** mit Abdruck der entsprechenden Bestimmungen des Reichs-Strafgesetzbuchs. Zweite Auflage. 1 M. 50 Pf.

Erbenhaftung und Nachlaßkonkurs im neuen Reichsrecht. Von Professor Dr. Ernst Jaeger. 1898. gr. 8°. (117 S.) 3 M.

Fluchtliniengesetz. — Das Gesetz, betreffend die **Anlegung** und **Veränderung** von Straßen und Plätzen in Städten und ländlichen Ortschaften vom 2. Juli 1875. Des Kommentars von weil. Oberverwaltungsgerichtsrat R. Friedrichs fünfte, völlig neubearbeitete Auflage. Von Senatspräsident Dr. jur. Hugo von Strauß und Torney. 1905. 8°. (364 S.) geb. 5 M.

Die **freiwillige Gerichtsbarkeit** im Reiche und in Preußen. Ein Leitfaden von Dr. A. Nußbaum 1900. 8°. (268 S.) Geb. in Leinen 4 M.

Gewerberecht und **Arbeiterschutz.** Führer für Arbeitgeber und Arbeiter durch die Gewerbe- und Arbeiterschutzgesetze. Von G. Laurisch, Kgl. Gewerbeinspektor. 1901. 8°. (210 S.) Kart. 1 M. 80 Pf.

Die **Gläubigeranfechtung außerhalb des Konkurses.** Auf Grundlage des Gesetzes v. 21. Juli 1879. Von Prof. Dr. Ernst Jaeger. 1905. (356 S.) 9 M., geb. 10 M.

Die **Grundbuchordnung** nebst den preußischen Ausführungsbestimmungen mit Kommentar und systematischer Uebersicht über das materielle Grundbuchrecht. Von Reichsgerichtsrat Dr. Alex Achilles und Landrichter O. Strecker. 1901. Lex. 8°. (960 S.) 12 M., geb. in Halbfr. 14 M.

Die **Verfügungen in Grundbuchsachen**. Leitfaden für Grundbuchbeamte, Notare und Referendare. Von Amtsgerichtsrat Max Löwenherz. 1904. (115 S.) gr. 8°. 2 M., geb. in Leinen 2 M. 50 Pf.

Die **Haftpflicht der Beamten.** Nach Reichsrecht und dem Recht der deutschen Bundesstaaten unter Berücksichtigung der Haftpflicht des Staates (Gemeindeverbandes usw.). Von Landrichter Dr. H. Delius. 1901. 8°. (147 S.) Kart. 2 M.

Das Recht der Handlungsgehilfen und Handlungslehrlinge auf Grund des Handelsgesetzbuches, der Reichs-Gewerbeordnung, der Reichs-Versicherungsgesetze und des bürgerlichen Rechts dargestellt für Juristen und Kaufleute. Von Rechtsanwalt Hugo Horrwitz. 2. vollständig neubearbeitete Auflage. 1905. (203 S.) Geb. in Leinen 3 M.

Handelsgesetzbuch vom 10. Mai 1897 nebst Abdruck des Gesetzes über die Angelegenheiten der freiwilligen Gerichtsbarkeit und Gerichtsverfassungsgesetz (Titel 7, Kammern für Handelssachen). Zu praktischem Gebrauch dargestellt von Oberlandesgerichtsrat H. Könige. 1899. 8°. (410 S.) Geb. in Leinen 4 M. 50 Pf.

Das **Kommunalabgabengesetz** vom 14. Juli 1893. Für den praktischen Gebrauch mit einer geschichtlichen Einleitung und Erläuterungen versehen, sowie mit einem die Ausführungsanweisung berücksichtigenden Nachtrag. Kommentar von Oberbürgermeister Dr. Franz Adickes. 1894. 8°. (417 S.) Kart. 6 M.

Das **Absonderungsrecht im Konkurse** mit besonderer Berücksichtigung des preußischen und gemeinen Rechts, systematisch dargestellt von Oberlandesgerichtsrat Dr. Th. Wolff. 1892. gr. 8°. (542 S.) 10 M.

Konkursordnung mit Einführungsgesetz, Nebengesetzen und Ergänzungen in der Fassung des Gesetzes vom 17. Mai 1898. Kommentar von Oberlandesgerichtsrat Dr. Th. Wolff. 1900. gr. 8°. (555 S.) 11 M., geb. in Leinen 12 M.

Die Kurtaxe. Betrachtungen über ihre rechtliche Natur. Von Professor J. Kohler. 1902. gr. 8⁰. (52 S.) 1 M.

Das **Wohnungsmietrecht** nach dem Bürgerlichen Gesetzbuch. Zum praktischen Gebrauch für Juristen, Hausbesitzer und Mieter bearbeitet von Rechtsanwalt und Notar Th. Loomann. 1900. 8⁰. (144 S.) 2 M.

Der Raritätenbetrug. Von Dr. Hanns Gross, Universitäts-Professor. 1901. gr. 8⁰. (296 S.) 6 M.

Polizei und Publikum. Eine Darstellung der beiderseitigen Rechte und Pflichten an der Hand der grundlegenden Bestimmungen für die Ausübung der örtlichen allgemeinen Verwaltungspolizei in Preußen. Von Bürgermeister M. Koehne. 1897. 8⁰. (144 S.) Geb. in Leinen 2 M. 75 Pf.

Patentgesetz und Gesetz, betreffend den **Schutz von Gebrauchsmustern.** Von Justizrat Dr. A. Seligsohn. 2. Auflage. 1901. gr. 8⁰. (557 S.) 12 M., geb. in Leinen 13 M.

Die **Tätigkeit der Polizei in Strafsachen** auf Grund der Reichsjustizgesetze und des Preußischen Rechts für Polizeiverwalter und Polizeibeamte. Von Oberverwaltungsgerichtsrat St. Genzmer. 4. Auflage. 1900. 16⁰. (117 S.) Kart. 90 Pf.

Beschwerde und **Klage** sowie sonstige **Rechtsmittel** gegen polizeiliche Verfügungen und Zwangsmaßregeln. Gemeinverständlich dargestellt und durch Beispiele erläutert von Oberverwaltungsgerichtsrat B. von Kamptz. 1894. 12⁰. (93 S.) Kart. 1 M. 20 Pf.

Dienstunterricht für Polizei-Exekutiv-Beamte. 1. Teil. Strafgesetzgebung (Gerichtsverfassung, Strafprozeßordnung, Strafgesetzbuch). Von Polizeiinspektor J. Segger. 1900. 8⁰. (308 S.) Kart. 2 M.

Die Registratur. 2. Auflage. 1906. Von Hermann Kollrack, Kgl. Polizeisekretär am Berliner Polizeipräsidium. 8°. (84 S.) Kart. 1 M. 40 Pf.

Rechtsbrevier für deutsche Ehefrauen. 52 Merksprüche aus dem Bürgerl. Gesetzbuch mit Erläuterungen. Von Dr. jur. Emilie Kempin. 8°. (62 S.) Kart. 1 M.

Verwaltungs-Hygiene. Ein Handbuch der öffentlichen Gesundheitspflege für Verwaltungsbeamte. Von Dr. A. Pfeiffer. 1895. gr. 8°. (228 S.) 5 M., geb. in Leinen 6 M.

Handbuch des Vormundschaftsrechts. Unter Berücksichtigung der Ausführungsgesetze der deutschen Bundesstaaten. Von H. Schultetus, Landgerichtsrat in Rostock. 1899. 8°. (261 S.) 4 M., geb. in Leinen 4 M. 60 Pf.

Die Pflichten des Waisenrates. Ein praktischer Leitfaden für Waisenräte und Verwaltungsbeamte. Von F. Baum, Geh. Justizrat und Vormundschaftsrichter. Achte vermehrte und verbesserte Auflage. 1906. 8°. (46 S.) 60 Pf.

Wechselstempelsteuer und ihre Reform. Eine kritische Studie. Von Dr. jur. Eug. Jacobsohn. 1906. gr. 8°. (47 S.) 1 M.

Der Vormund, Gegenvormund, Pfleger u. Familienrat. Nach dem Bürgerlichen Gesetzbuch, dem Reichsgesetz über die Angelegenheiten der freiwilligen Gerichtsbarkeit und dem Ausführungsgesetz zum BGB. Ein praktischer Leitfaden. Von F. Baum, Geh. Justizrat und Vormundschaftsrichter. 1899. 8°. (64 S.) 50 Pf.

Gesetz zum **Schutz der Warenbezeichnungen** vom 12. Mai 1894, nebst Ausführungsbestimmungen. 2. Auflage, bearbeitet von Dr A. Seligsohn in Gemeinschaft mit Rechtsanwalt Martin Seligsohn. 1905. gr. 8°. (353 S.) 7 M., geb. 8 M.

Anleitung zur **Bildung öffentlicher Genossenschaften zur Ent- und Bewässerung** von Grundstücken für Zwecke der Landeskultur in den preuß. Provinzen nebst den in Betracht kommenden Gesetzen und Ministerialerlassen. Zugleich ein Handbuch des landwirtschaftlichen Wasserrechts für jedermann. Von Regierungsrat Dr. Bernh. Webdige. 1887. 8°. (300 S.) 4 M. 50 Pf.

Das **Wildschadengesetz.** Vom 11. Juli 1891. Kommentar von Dr. A. Holtgreven u. Dr. Th. Wolff. Vierte vermehrte und verbesserte Auflage. 1902. 8°. (224 S.) 4 M., geb. in Leinen 4 M. 50 Pf.

Belehrung über den Wucher. Ein Schutz gegen Schädigung mit Fingerzeigen für jedermann. Nach dem neuen Wuchergesetz bearbeitet von Carl Pfafferoth, Geh. Kanzleirat im Reichsjustizamt. 1893. 8°. (38 S.) 50 Pf.

Das **Reichsgesetz zur Bekämpfung des unlauteren Wettbewerbs** nebst den ergänzenden Bestimmungen des Bürgerlichen Gesetzbuchs. Kommentar von Justizrat Albert Pinner, 1903. gr. 8°. (189 S.) 5 M., geb. in Leinen 6 M.

Verfassung des Deutschen Reichs. Mit Einleitung und Kommentar. Dritte, stark vermehrte und verbesserte Auflage. Von Prof. Dr. A. Arndt. 1907. 8°. (436 S.) 4 M., geb. in Leinen 5 M.

Schlagwort-Register.

R. = Nummer der Sammlung Deutscher **Reichs**gesetze.
P. = Nummer der Sammlung **Preußischer** Gesetze.
S. = Seite.